MACHTSPIELE IM VERKAUF

101+

Taktiken der Verkaufspsychologie, um in jedem
Kundengespräch die Oberhand zu gewinnen

Roman Kmenta

Impressum

© 2024 Roman Kmenta, Forstnergasse 1,
A-2540 Bad Vöslau – www.romankmenta.com

1. Auflage 2024

Umschlaggestaltung: Monika Stern / sternloscreative
Layout: VoV media
Illustration: VoV media
Lektorat/Korrektorat: VoV media
Bildrecht: Freepik premium Lizenz

Verlag: VoV media – www.voice-of-value.com

INHALTSVERZEICHNIS

IST DIESES BUCH FÜR SIE?

Haben Sie dieses Buch bereits gekauft? Oder lesen Sie erst einmal rein, um sich dann zu entscheiden, ob Sie es kaufen wollen? In beiden Fällen sollten Sie möglichst Klarheit darüber bekommen, ob dieses Buch für Sie und Ihre Situation und individuellen Bedürfnisse das richtige ist.

Daher möchte ich Ihnen gleich hier und jetzt diese Klarheit verschaffen. Dieses Buch ist für Sie geeignet, wenn Sie:

- beratungsintensive Produkte und / oder Dienstleistungen verkaufen,

- persönliche Verkaufsgespräche mit Kunden führen (besonders dann, wenn Sie es mit Einkäufern und Profis zu tun haben),

- über Teile Ihres Angebotes verhandeln – Preise, Konditionen, Lieferzeiten, Zahlungsbedingungen etc. – und sich durchsetzen wollen bzw. müssen,

- sich Ihren Gesprächspartnern gegenüber immer wieder unterlegen und schwächer fühlen,

- immer wieder mit dem Gefühl, der Verlierer zu sein, aus einem Gespräch gehen und das, obwohl Ihr Kunde vielleicht sogar gekauft hat,

- es häufiger mit Situationen zu tun haben, in denen Ihre Kunden die besseren Karten haben und bzw. oder

- in einem Bereich tätig sind, in dem es viele und durchaus ernstzunehmende Mitbewerber gibt.

Trifft einer oder sogar mehrere dieser Punkte auf Sie zu? Dann ist dies das richtige Buch für Sie!

Die in diesem Buch erläuterten Techniken und Strategien aus der Verkaufspsychologie sind keine Anleitung für Verhandlungen. Dazu habe ich andere Bücher geschrieben. Das, was Sie hier lesen werden, ist sehr viel grundlegender. Es hilft Ihnen dabei:

- mit mehr Selbstbewusstsein und Selbstvertrauen in Gespräche und Verhandlungen zu gehen,

- mit allen Gesprächspartnern auf Augenhöhe sprechen und verhandeln zu können,

- sich auch gegen professionelle Einkäufer und geschickte Verhandler zu behaupten und durchzusetzen,

- die Kontrolle über alle Phasen des Verkaufsprozesses und jedes einzelne Gespräch zu erlangen,

- schwierige Situationen in Verkaufsgesprächen zu bewältigen, ohne die Kontrolle über das Gespräch zu verlieren,

- sich nicht mehr unter Wert zu verkaufen und

- alles in allem geschäftlich (und auch privat) erfolgreicher zu werden.

Und wenn Sie in dieser Aufzählung ein paar Ihrer Ziele, Wünsche und Bedürfnisse wiederfinden, dann sollten Sie unbedingt weiterlesen, oder – für den Fall, dass Sie nur mal reingelesen haben – das Buch jetzt kaufen und loslegen. Ich verspreche Ihnen jetzt schon, dass es sich als eines der beruflich wichtigeren Bücher für Sie herausstellen wird, und freue mich, Sie gleich wiederzutreffen.

Viel Spaß beim Lesen
Ihr

BEVOR SIE WEITERLESEN

Das Thema des Buches ist so umfangreich, dass es sich in einem Buch allein kaum vollkommen abdecken lässt. Daher gibt es zu diesem Buch eine Seite, auch Ressourcenbereich genannt, wo Sie eine Reihe weiterführender und hilfreicher Tipps und Informationen zu diesem Thema und angrenzenden Themenbereichen finden.

Speziell für Sie habe ich einen Kurzratgeber geschrieben, in dem die wichtigsten und vor allem unangenehmsten und sogar fiesesten Einkäufertricks für Sie in einem Dokument zusammengefasst zum kostenlosen Download bereitstehen. Laden Sie sich diese am besten jetzt gleich herunter.

Zur Ressourcenseite geht es hier >>
https://www.romankmenta.com/ressourcen-machtspiele/

TEIL 1

DIE GRUNDLAGEN FÜR MEHR MACHT UND KONTROLLE IN GESPRÄCHEN

SIMONE GERÄT IN BEDRÄNGNIS

Stellen Sie sich Folgendes vor: Eine junge Frau, nennen wir sie Simone Heger – nur um die Szene ein wenig leichter vorstellbar zu machen –, besucht einen Kunden. Simone verkauft seit Kurzem internationale Transportdienstleisungen. Ihr Kunde, ein Metallverarbeiter, steht schon seit Jahren in einer Geschäftsbeziehung mit Simones Arbeitgeber. Der Jahresumsatz liegt bei ca. 1 Mio. Euro und es gäbe Potenzial für sehr viel mehr. Sie hat den Account von Ihrem Vorgänger übernommen. Dieser hat gemeinsam mit ihr ein einziges Mal Dr. Schulte, den Einkäufer und Logistikleiter des Unternehmens, besucht und sie offiziell als seine Nachfolgerin vorgestellt.

Ihr Chef hat ihr mehrfach eingeschärft, wie wichtig dieser Kunde ist. Ohne dass er es laut aussprechen musste, war die Botschaft deutlich hörbar: *„Verbocken Sie das bloß nicht"*.

Jetzt war sie zum ersten Mal auf sich selbst gestellt. Das Thema des heutigen Gesprächs: die angekündigte Preiserhöhung. Ihr Gesprächspartner – ganz vom alten Schlag –, 60 Jahre alt und seit 30 Jahren als Einkäufer tätig. Simone meldete sich beim Empfang. Ihr wurde mitgeteilt, dass Dr. Schulte sich etwas verspäten würde und sie warten möge. Daraufhin setzte sie sich in den Wartebereich. Da sie nicht wusste, wie lange es dauern würde, wagte sie es nicht, ihren Laptop aufzuklappen, um die Wartezeit produktiv zu nutzen. Und so saß Simone einfach da, bereit jederzeit aufzuspringen, sobald Dr. Schulte Zeit für sie hatte.

Eine knappe Stunde später fragte Simone an der Rezeption, ob man wisse, wie lange es noch dauern würde. Man wusste es nicht. Sie sollte sich bitte noch etwas gedulden, Herr Dr. Schulte wäre noch in einem Meeting und würde dann sicher auf sie zukommen, hieß es. Immerhin hatte sie ein zweites Glas Wasser bekommen. Eine weitere knappe halbe Stunde später kam eine junge Frau, die sich als Assistentin von Dr. Schulte vorstellte und deren Namen Simone schlecht verstanden hatte, um sie abzuholen. Endlich. Sie führte sie an eine Tür, klopfte und eine tiefe Männerstimme antwortete: *„Ja, bitte.“*

Sie traten ein. Bei ihrem ersten Besuch hatten sie sich mit Dr. Schulte in einem Besprechungsraum getroffen. Jetzt wurde sie offenbar in seinen heiligen Hallen empfangen. Sie hatte ihn als kühl, aber korrekt in Erinnerung und hatte sich vorgenommen, sich zuerst darauf zu konzentrieren, eine Bindung mit ihm aufzubauen – ganz so, wie sie es in einer Verkaufsschulung einmal gelernt hatte.

Die Assistentin bugsierte Simone mit den Worten „Herr Dr. Schulte, Ihr Besuch“ hinein und verschloss die Tür wieder von außen. Es dauerte ein paar Sekunden – für Simone fühlte es sich an wie eine halbe Ewigkeit – bis Dr. Schulte von seinen Unterlagen aufblickte. Eine weitere gefühlte Ewigkeit, die eigentlich nur 1 oder 2 Sekunden andauerte, bis er ihr einen Platz anbot.

Sie nahm auf dem Stuhl vor dem riesigen Schreibtisch Platz. Im Vergleich zu dem mächtigen Ledersessel Ihres Gegenübers war Ihre Sitzgelegenheit klein und zierlich. *„Schönes Büro haben Sie…“*, versuchte Simone es mit einem lockeren Gesprächseinstieg. *„Danke, aber lassen Sie uns gleich zum Punkt kommen. Sie sind vermutlich nicht den weiten Weg angereist, um über mein Büro zu sprechen, nehme ich an“*, kam als Antwort.

„Nein, natürlich nicht“, gab Simone kleinlaut bei.

„Wie Ihr Unternehmen ja bereits angekündigt hat, wollen Sie die Preise erhöhen. Und das um satte 8 % …". Und fügte nach einer kurzen Pause vorwurfsvoll hinzu: *„Schon wieder"*.

„Ja, das ist richtig. Das müssen wir aufgrund starker Kostensteigerungen in allen Bereichen."

„Das ist kein guter Einstieg in unsere Geschäftsbeziehung, Frau Heger, so viel kann ich Ihnen jetzt schon sagen. Aber ich denke doch, dass Sie mir etwas sehr viel Besseres mitgebracht haben. Zumindest war ich das von Ihrem Vorgänger gewohnt. Aufgrund der gesunkenen Energiepreise bin ich für das kommende Jahr nämlich von einer Preissenkung ausgegangen."

„Ich kann Ihnen 6 % statt 8 % anbieten." Simone biss sich auf die Lippen, doch es war schon zu spät. Eigentlich wollte sie nicht ihr gesamtes Verhandlungspulver gleich zu Beginn verschießen.

„Das ist aber jetzt nicht Ihr Ernst, Frau Heger. Da habe ich mich wohl verhört", entgegnete er entrüstet.

„Ähm … das ist tatsächlich das, was ich tun kann."

„Das bedeutet, dass ich dann wohl mit Ihrem Chef sprechen muss, wenn Sie nichts Besseres anzubieten haben. Oder wollen Sie nicht mehr mit uns arbeiten?"

„Natürlich wollen wir das", versicherte Simone schnell – ein wenig zu schnell, wie sie selbst bemerkte.

„Das sieht für mich aber nicht so aus. Ich habe Angebote vorliegen, die deutlich unter dem Ihren liegen. Wir sprechen da von bis zu 10 %. Warum also sollte ich Sie beauftragen?"

Simone bemerkte, wie sich ihre Nervosität in einem Zittern manifestierte, und hoffte, dass ihr Gegenüber das nicht mitbekam. Sie verstand nicht, wie ihr Kunde so argumentieren konnte. Natürlich kann es preislich niedrigere Angebote geben. Die gab es schließlich so gut wie immer. Aber sie war sich sicher, dass die anderen Anbieter ihnen nicht das Wasser reichen konnten, wenn es um die Qualität der Leistung ging. Die Mitbewerber würden es sehr schwer haben, ähnliche Leistungen für den Kunden zu vollbringen, geschweige denn besser zu sein als sie. Und auch der Aufwand, den Logistikpartner zu wechseln, war erheblich. Dr. Schulte konnte das doch nicht ernsthaft in Erwägung ziehen, oder konnte er doch?

Während sie nach Worten suchte, sagte Dr. Schulte in einem sanfteren, fast väterlichen Tonfall: *„Also mein Fräulein, ich will mal nicht so sein. Wir machen Folgendes: Sie sagen Ihrem Chef, dass die 6 % für uns keinesfalls akzeptabel sind. Mit 1,5 % könnte ich gerade noch so leben. Er möge sich bitte bei mir melden oder meinetwegen auch Sie, ok?"*

Simone spürte, wie ihre Nervosität begann in Wut umzuschlagen. Wut auf diesen Idioten und sein Benehmen ihr gegenüber und vor allem auch Wut auf sich selbst, weil sie sich so unterbuttern lassen hatte. Welche Wut größer war, konnte sie nicht sagen. Sie beherrschte sich, weil alles andere die ohnehin schon verfahrene Situation noch deutlich verschlimmert hätte. *„Ja, dann werde ich das machen und mich Anfang nächster Woche melden."*

„Das ist mir zu spät. Wir müssen die Transportverträge schnell unter Dach und Fach bringen. Und wenn Sie das nicht wollen, dann muss ich in Zukunft mit einem Ihrer zahlreichen Mitbewerber arbeiten, so leid mir das nach 5-jähriger Geschäftsbeziehung auch täte. Rufen Sie mich bitte morgen um 15 Uhr an. Geht das?"

„Ja, das bekomme ich hin", antwortete Simone zerknirscht und war inzwischen sicher, dass sie ihre aufsteigenden Emotionen nicht mehr ganz unterdrücken konnte.

„Na dann. " Dr. Schulte streckte Ihr die Hand hin: *„ Es hat mich gefreut. Sie finden den Weg alleine? "* Mit einem halbherzigen *„ Auf Wiedersehen"* verließ Simone das Büro und hoffte dabei, dass dieses Wiedersehen nie mehr stattfinden müsste.

WELCHE KARTEN MAN BEKOMMT
UND WIE MAN SIE SPIELT

Zugegeben, eine extreme Situation, in der etliche für die Verkäuferin negative Faktoren zusammentreffen. Gleichzeitig aber keine, wie sie nicht in vielen Bereichen der Wirtschaft tagtäglich vorkommen kann. Worum es in dieser Situation und in unzähligen anderen vor allem im Geschäftsleben geht, ist Macht. Und dabei spielen zwei Faktoren eine Rolle:

- Wer wie viel Macht von Beginn an aufgrund der Rahmenbedingungen und / oder der Vorgeschichte hat und

- wie sich jeder der Spieler in diesem Machtspiel unter den gegebenen Rahmenbedingungen verhält.

Man könnte es auch wie ein Kartenspiel sehen, in dem jeder der Beteiligten die Karten spielen muss, die er bekommt. Und auch dabei ist nicht unbedingt der Gewinner, der die besten Karten erhält. Ich würde sogar behaupten, dass die wirklich guten Spieler weit überdurchschnittlich häufig gewinnen, und zwar unabhängig davon, welche Karten sie selbst und welche die anderen Mitspieler erhalten.

Manchmal hat der Verkäufer die besseren Karten, weil er vielleicht der einzige Anbieter für ein bestimmtes Produkt oder eine bestimmte Leistung ist, die der Kunde vielleicht sogar dringend benötigt. Doch in den meisten Branchen meiner Kunden ist das selten so. Häufig sind die Karten zugunsten der Kunden verteilt. Sie haben das Geld, das die Verkäufer bzw. Anbieter gerne hätten, und haben die Wahl zwischen mehreren bis vielen oft ähnlichen bis gleichwertigen Angeboten. Die einzigen Unterschiede (zumindest aus Sicht vieler Kunden und auch erschreckend vieler Verkäufer) sind oft nur die Preise und / oder die Konditionen.

Die Aufgabe der Verkäufer ist es, in solchen ungünstigen Situationen die Karten so zu spielen, dass sie dennoch gewinnen. Und gewinnen bedeutet nicht, ein Geschäft abzuschließen. Das könnte Simone in unserem Beispiel sehr einfach schaffen. Sie bräuchte einfach nur die Forderungen des Kunden erfüllen. Gewinnen bedeutet, ein Geschäft abzuschließen, das sich für beide Seiten auch rechnet. Eines, bei dem der Kunde eine hervorragende Leistung oder ein tolles Produkt erhält und der Verkäufer einen soliden Gewinn macht.

Und der Weg dahin führt häufig über Gespräche und Verhandlungen. Über diese gibt es viel zu sagen bzw. zu schreiben. Ich selbst habe zum Thema Verhandlungen, speziell über Preise und Konditionen und verschiedene Aspekte der Führung von Verkaufsgesprächen bereits einige Bücher geschrieben. Doch es gibt noch etwas Anderes, Grundlegenderes und damit auch Wichtigeres, wenn es um das Ergebnis solcher Gespräche geht: die Frage der Macht. Wer hat die Kontrolle im Gespräch bzw. im gesamten Prozess? Wer legt die Regeln fest, nach denen gespielt wird? Wer hat die Macht? Wer dominiert in welchen Phasen des Gespräches? Und schafft es der Verkäufer selbst in ungünstigen Ausgangssituationen, ein Gespräch auf Augenhöhe zu führen?

Diese Fragen bzw. die Antworten darauf sind häufig weniger wichtig, wenn die Beziehungsebene zwischen den Gesprächs- und Verhandlungspartnern eine sehr gute und vielleicht auch bereits langjährig etablierte ist. Doch auch in solchen Situationen muss es nicht der Fall sein, dass es der Verkäufer schafft, auf Augenhöhe mit dem Kunden zu sprechen. Vielleicht hat sich ein Machtgefälle, bei dem der

Kunde diktiert, wo es langgeht – in einzelnen Gesprächen wie auch in der gesamten Geschäftsbeziehung – über die Jahre hinweg etabliert und eingespielt. Der Verkäufer hat sich vielleicht daran gewöhnt, der Kleinere, der Untergeordnete und Schwächere in diesem Spiel zu sein.

An Bedeutung gewinnt die Frage der Macht, Kontrolle und Dominanz in Gesprächen. Vor allem dann, wenn Sie die Ausgangssituation benachteiligt und die Karten zu Ihren Ungunsten gemischt und verteilt wurden. Erst recht dann, wenn der Kunde alle Trümpfe in der Hand hält, müssen Sie sich besonders anstrengen, nicht mit wehenden Fahnen vollständig unterzugehen – so wie es der bemitleidenswerten Simone ergangen ist. Und das passiert auch in der Wirtschaft draußen leicht und häufig.

Durch meine jahrelange Arbeit mit vielen Verkäufern, die sich in ähnlichen Situationen befanden und immer noch befinden, habe ich festgestellt, dass es manchen gelingt, egal wie ungünstig die Ausgangssituation auch sein mag, bei diesem Spiel deutlich besser abzuschneiden. Das hat natürlich auf der einen Seite mit Verhandlungs-führung zu tun.

Doch in vielen dieser Fälle ist da noch etwas Anderes, oft schwer Greifbares. Es scheint fast eine Art Aura zu sein, die diese Personen umgibt und ihnen dazu verhilft, selbst bei scheinbar übermächtigen Gesprächspartnern Gespräche auf Augenhöhe zu führen und die Kontrolle über das Gespräch zu bekommen und zu behalten. Um das zu beurteilen, braucht es auch keine detaillierte Analyse. Jeder Beobachter in Übungsszenarien oder echten Gesprächen, selbst jene, die mit solchen Gesprächen normalerweise nichts zu tun haben, spürt sofort, wer mehr Macht im Gespräch hat und dieses kontrolliert. Das Interessante daran ist allerdings: Kaum jemand kann sagen, warum das so ist und was am Verhalten des Verkäufers dazu führt.

Doch genau das ist natürlich eine unglaublich spannende und im Verkauf wichtige Frage. Wenn man das wüsste, könnte man diese Vorgehensweisen ganz bewusst einsetzen und so die Machtverhältnisse zu seinen eigenen Gunsten beeinflussen. Und das wäre etwas unglaublich Wertvolles – durchaus auch im ökonomischen Sinne – für jeden Verkäufer. Für die Einkäufer und Kunden natürlich ebenso, doch ich schreibe dieses Buch für all die Verkäuferinnen und Verkäufer da draußen, die sich in ungünstigen Ausgangssituationen befinden. Viele Einkäufer haben ohnehin von Beginn an die besseren Karten.

Neugierig habe ich mich auf die Suche gemacht, um die folgende Frage zu beantworten: Was ist es, das die Machtverhältnisse in einem Gespräch zu Gunsten einer Person verschieben kann? Wie bekommt ein Verkäufer mehr Kontrolle im Gespräch? Und wie schafft er es, Gespräche selbst mit scheinbar übermächtigen Partnern auf Augenhöhe zu führen?

Und bei meiner Suche habe ich festgestellt, dass es sich nicht um etwas Genetisches handelt, das die Verkäufer, die es sehr gut schaffen, sich in Gesprächen gegen mächtigere Gesprächspartner durchzusetzen und die Kontrolle im Gespräch sowie im ganzen Prozess zu behalten, haben und andere nicht. Ich war erleichtert, denn wenn es genetisch wäre, wäre es schwer zu beeinflussen oder zu ändern – außer mit Mitteln der Gentechnik vielleicht, aber das ist nicht mein Gebiet.

Vielmehr habe ich bei der Analyse von unzähligen Gesprächen festgestellt, dass diese dominanteren Persönlichkeiten – es waren sowohl Verkäufer als auch Kunden – gewisse Verhaltensweisen an den Tag legten, die dazu führten, dass ihr Status und damit ihre Macht zunahmen. Ich bin sicher, dass den meisten davon ihr Verhalten oder das, was sie taten oder unterließen, nicht bewusst war. Nur ein paar wenige Profis setzen diese Taktiken und Strategien sehr bewusst, geplant und gezielt ein.

Das bedeutet für Sie, liebe Leserin oder lieber Leser, dass auch Sie diese Taktiken und Strategien lernen und einsetzen können, um sich aus der Rolle des Unterlegenen, vielleicht manchmal sogar aus einer Art Opferrolle zu befreien und so mehr Macht und Kontrolle im Gespräch bzw. in Ihren Beziehungen zu anderen erlangen können.

Ich war erstaunt, auf wie viele Arten man Gespräche in puncto Macht, Dominanz und Kontrolle beeinflussen kann. Dabei geht es um Abläufe, die Stimme, die Körpersprache, bestimmte Worte oder auch den gezielten Einsatz von Unterlagen. Oft sind es Kleinigkeiten, die einem unbedarften Beobachter nicht auffallen würden, die aber eine große Wirkung entfalten. Und das Spiel um die Macht beginnt nicht erst bei einem Gespräch, sondern bereits lange vorher, beim allerersten Kontakt oder sogar noch früher.

Die einzelnen Taktiken und Strategien sind für sich genommen meist sehr einfach und für jeden verständlich und direkt einsetzbar. Die Herausforderung ist es, mehrere oder viele dieser Vorgehens- und Verhaltensweisen im Zusammenspiel, verteilt über den kompletten Verkaufsprozess – vom Beginn eines Gespräches bis zu dessen Abschluss – einzusetzen. Das ist keine einfache Aufgabe. Der Weg dahin führt über Know-how (das erhalten Sie in diesem Buch) und viel Übung (die bekommen Sie in Ihrer täglichen Praxis). Die meisterhafte Umsetzung vieler dieser Vorgehensweisen im Zusammenspiel unterscheidet die Laien von den Profis, die wenig oder mäßig erfolgreichen Verkäufer von den Starvertrieblern.

Wenn Sie also in Ihren Gesprächen gefühlt zu häufig zu wenig Macht und Kontrolle haben und sich unterlegen fühlen, selbst wenn Sie einen Abschluss machen und ein Geschäft an Land ziehen und diesen Zustand endlich ändern wollen, dann lade ich Sie ein, diesen Weg gemeinsam mit mir zu beschreiten. In diesem Buch finden Sie all das, was dafür notwendig ist, das Ergebnis Ihrer Gespräche und Verhandlungen und damit Ihren geschäftlichen Erfolg grundlegend zu beeinflussen und zu verändern.

Doch häufig ist das noch nicht alles. Wenn Sie in diesem Bereich Ihr Verhalten und damit sich selbst ändern, werden Sie das ganz automatisch auch in anderen Bereichen Ihres Lebens tun. So könnte es sein, dass Sie auch dort eine oder ein anderer werden – sofern Sie das wollen – und die Karten, die Ihnen das Leben gegeben hat, besser ausspielen und so häufiger gewinnen.

WARUM ÜBERHAUPT MACHT UND KONTROLLE?

Ich treffe immer wieder auf Menschen, die mich zweifelnd ansehen, wenn ich von Begriffen wie Macht, Kontrolle und Dominanz in Gesprächen spreche. *„Braucht es das denn wirklich?"*, fragen sie mich häufig. *„Reicht es denn nicht, professionell und freundlich zum Kunden zu sein?"* In vielen Fällen reicht das. Doch in ebenso vielen Fällen reicht es nicht, um gute und (und nicht nur irgendwelche) Geschäfte abzuschließen bzw. profitable Verhandlungsergebnisse zu erzielen.

Dabei werden die Begriffe Dominanz und Kontrolle oft mit nicht nett, unfreundlich oder sogar aggressiv in Verbindung gebracht. Ganz so wie es bei unserem Herrn Dr. Schulte der Fall war. Und das ist mit ein Grund, warum diese Themen für viele Menschen einen schalen bis negativen Beigeschmack haben. Doch das muss gar nicht so sein. Ganz im Gegenteil kann es sehr gut sein, dass jemand sehr freundlich wirkt und genau dadurch das Gespräch dominiert. Wie das geht, werden Sie noch erfahren.

Warum also braucht es mehr Macht und Kontrolle in Gesprächen – im Verkauf (aber auch in anderen Bereichen):

- **Akzeptanz als gleichwertiger Partner**
  Ein etwas seltsam anmutender, aber sehr wichtiger Grund für das Streben nach mehr Macht und Kontrolle ist, dass es Gesprächspartner gibt, die Sie sonst nicht ernstnehmen. Sie schauen im wahrsten Sinne des Wortes auf Sie herunter oder gar

über Sie hinweg. Das mag bei simplen Verkaufssituationen wie jene an einem Getränkestand gar keine Bedeutung haben. In größeren Interaktionen, bei denen es um komplexe Projekte und oft auch viel Geld geht, ist das ein sehr wichtiger Punkt. Dr. Schulte würde mit Simone niemals ein ernsthaftes Gespräch führen, weil er sie in keiner Weise als ebenbürtige Gesprächspartnerin wahrnimmt. Erst wenn sie es schafft, ein wenig mehr Macht und Kontrolle zu erlangen, und wenn auch nicht ganz, aber zumindest ein Stück weiter auf Augenhöhe zu kommen, wird sie für ihn interessant. Das bedeutet, dass es in diesem Fall die Eintrittskarte zum Spiel darstellt. Wenn Sie das nicht schaffen – und zwar unabhängig von Ihrem Angebot – lässt man Sie gar nicht mitspielen.

- **Mehr Planbarkeit und Sicherheit**
  Mit dem Maß an Kontrolle, das Sie in einem Gespräch oder einem Verkaufsprozess (der aus einer Reihe von Gesprächen und Kontakten bestehen kann) erreichen, erhöht sich die Planbarkeit des Gesprächsverlaufs und damit auch des Ergebnisses. Und das wiederum bringt für Sie ein höheres Maß an Sicherheit mit sich. Sie werden zwar auch dadurch nicht immer das erreichen, was Sie wollen, aber die Chancen steigen und Sie werden zumindest näher an Ihr Ziel kommen.

- **Bessere Preise und Konditionen und höhere Deckungsbeiträge**
  In allen Arten von Verhandlungssituationen, speziell auch jenen, in denen es um Preise und Konditionen geht, sind Macht und Dominanz extrem wichtige Faktoren, die sich unmittelbar auf das Verhandlungsergebnis auswirken. Wie eingangs erwähnt, wird dieses einerseits von den Rahmenbedingungen und der Ausgangssituation diktiert, andererseits aber auch von der Macht, die Sie mittels der in diesem Buch beschriebenen Taktiken erringen können. So gesehen schlägt sich mehr Macht

in Verhandlungen direkt in höheren Preisen und Deckungsbeiträgen nieder.

- **Die Attraktivität Ihres Angebotes steigt**
  Wenn Sie gefühlt mächtiger und dominanter werden, steigt auch die Attraktivität dessen, was Sie anzubieten haben. Das erleben wir im täglichen Leben. Diejenigen mit mehr Macht, die häufig auch über die Medien offen zur Schau getragen wird, sind attraktiver und anziehender. Macht und Dominanz (neben dem damit einhergehenden Geld) sind vermutlich auch das, was dazu führt, dass sich 25-jährige Supermodels ausgerechnet in 75-jährige Unternehmer verlieben – ich entschuldige mich, wenn ich das falsch sehe und es einfach nur die Liebe zum Seelenpartner ist.

Es geht also nicht darum, mehr Macht und Kontrolle um Ihrer selbst Willen zu erringen. Das würde nur bedeuten, das Ego zu füttern und dessen Bedürfnisse zu befriedigen. Vielmehr sind Macht, Dominanz und Kontrolle hoch wirksame und manchmal unerlässliche Mittel, um geschäftliche Ziele zu erreichen.

Das Bild eines aus Sicht des Verkäufers guten Verkaufsgespräches, das diesem Buch zugrunde liegt, ist daher eines, in dem der Verkäufer die meiste Zeit über die Zügel in der Hand hält, sagt, wo es langgeht und auch weitgehend das Tempo vorgibt. Dabei kann er all diese Dinge aber im Normalfall nicht vordergründig diktieren oder befehlen. Würde er das versuchen, gäbe es vermutlich viele Kunden, denen das nicht gefallen würde und die daher Widerstand leisten würden.

Daher erfordert es viel Geschick eines guten Verkäufers, den Prozess bzw. das Gespräch zu kontrollieren und zu lenken, ohne dass der Kunde den Eindruck gewinnt, dass jener das täte. Vielleicht ist die Metapher einer Autobahn eine für unsere Zwecke passende. Der Verkäufer achtet darauf, dass die Richtung passt. Der Kunde darf aber die Spuren wechseln und nach Belieben mal ein wenig schneller und mal ein wenig langsamer fahren – natürlich im Rahmen der vorgegebenen Richtgeschwindigkeit.

Und das wird auch einem erfahrenen und erfolgreichen Verkäufer nicht immer gelingen. Doch je bewusster Sie Ihre Prozesse und Gespräche führen und je geschickter Sie die Strategien und Taktiken aus diesem Buch anwenden, desto größer sind die Chancen, dass Ihnen genau das gelingt.

ALLES EINE FRAGE DES STATUS

Die Basis für Kontrolle, Macht und Führung in Gesprächen ist der Status. Bei den Grundlagen dieses Konzeptes habe ich mich an das hervorragende Buch „Statusspiele" (von Tom Schmitt und Michael Esser) angelehnt und sie für die Zwecke dieses Buches adaptiert.

Der Begriff "Status" in Verkaufsgesprächen und Verhandlungen bezieht sich auf die wahrgenommene Position oder das Ansehen, das eine Person in der Beziehung und Interaktion mit dem oder den Kunden einnimmt. Der Status ist etwas, das durch verschiedene Faktoren wie Autorität, Einfluss, Wissen, Selbstvertrauen und Verhalten bestimmt wird. Jemand mit einem hohen Status hat normalerweise mehr Einfluss auf das Gespräch und kann die Bedingungen oder das Ergebnis der Verhandlung leichter steuern.

Doch was bedeutet es überhaupt, einen hohen Status zu haben? Lassen Sie uns tiefer in das Thema einsteigen.

Die 4 Statuskombinationen

Beim Status wird einerseits zwischen Hochstatus und Tiefstatus unterschieden. Andererseits sprechen wir auch vom Status im Außen (der, den Sie anderen zeigen) und den im Innen (der, den Sie fühlen). Dabei ist der innere Status die Basis, auf der das gesamte Konzept beruht. Der Äußere ist nur das, was Sie zeigen, die Verpackung. Und wie bei einer echten Verpackung kann ein Päckchen von außen wahnsinnig toll aussehen und wenn man es öffnet enttäuschen – oder auch umgekehrt. Der innere Status trägt den äußeren. Er ist das Gerüst, ohne das der äußere Status keinen Halt hat – zumindest nicht über längere Zeit und auch nicht in schwierigeren Situationen.

Aus der Kombination von hoch und tief sowie von innen und außen ergibt sich folgende Matrix mit 4 möglichen Feldern, die Sie besetzen können:

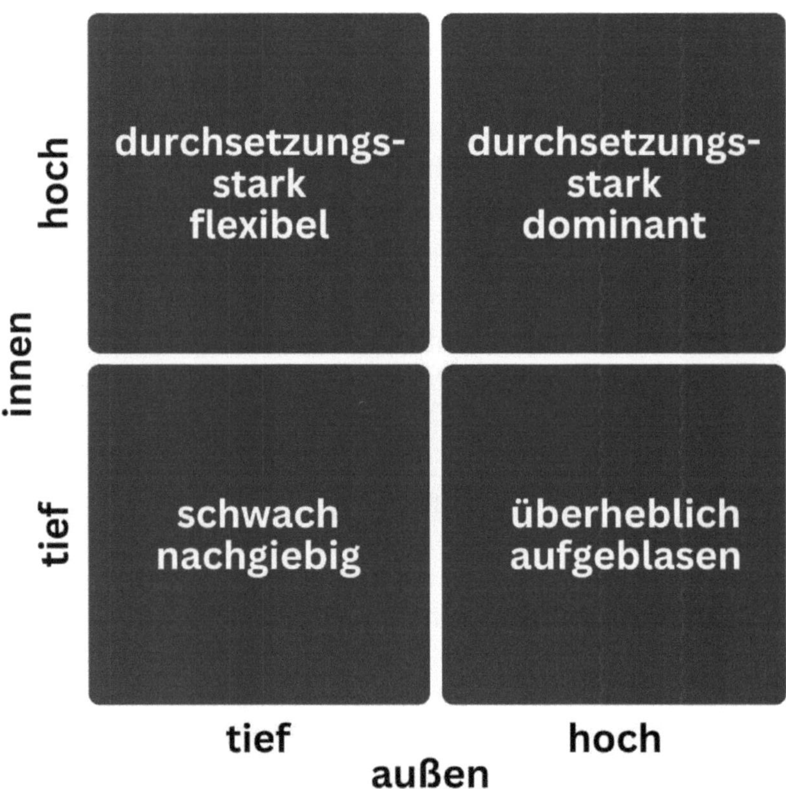

Was bedeuten diese 4 Ausprägungen (oder auch Status-Rollen) nun und welche Konsequenzen haben diese für Ihre Gesprächsführung?

Statuskombination: Innen tief / außen tief

Jemand mit Doppeltiefstatus fühlt sich klein und macht sich klein. Er wirkt schwach und ist auch schwach und nachgiebig. In diesem Status ist es fast unmöglich, mit Kunden auf Augenhöhe zu kommunizieren, geschweige denn die Kontrolle über ein Gespräch zu erlangen. Im besseren Fall sammelt man Sympathiepunkte, im schlechteren geht man in einem Gespräch vollkommen unter, wenn man doppelten Tiefstatus hat – vor allem dann, wenn man dieses mit einem professionellen Einkäufer oder Verhandler führt.

Statuskombination Innen tief / außen hoch

Jemand mit dieser Kombination fühlt sich klein und spürt oder weiß das auch, wenn er ehrlich zu sich selbst ist. Um das zu kompensieren, versucht er im Außen in eine Rolle mit Hochstatus zu schlüpfen und diese auszufüllen. Das ist nicht einfach und wird von anderen relativ leicht durchschaut. Wir merken, wenn sich jemand mit niedrigem Selbstwert und innerem Tiefstatus über die Maße aufplustert, weil er es nötig hat. So jemand wirkt häufig überheblich, arrogant und aufgeblasen. Oft zeigt sich dieser äußere Hochstatus in lauter, fast schriller Sprechweise, übertrieben forderndem Verhalten und dem Insistieren auf seinem Standpunkt bzw. seinen Rechten. In dieser Rolle kann man sich durchaus durchsetzen, oftmals auch, weil es dem anderen zu dumm ist, weil er genervt ist und daher nachgibt.

Statuskombination Innen hoch / außen hoch

Eine Person mit doppeltem Hochstatus ist sehr durchsetzungsstark. Sie hat ein starkes Selbstbewusstsein und einen hohen Selbstwert und zeigt das auch nach außen. Anders als bei der Kombination innen tief / außen hoch, merken die Gesprächspartner aber, dass dieser nach außen zur Schau gestellte Hochstatus auf einem soliden Fundament beruht und nicht nur Fassade ist. Diese Person wirkt nicht nur stark und dominant, sondern ist es auch. So jemandem fällt es typischerweise sehr leicht, ein Gespräch zu führen und die Kontrolle zu erlangen und über weite Strecken, wann immer er das für nötig erachtet, auch zu behalten.

Statuskombination Innen hoch / außen tief

Die hohe Kunst des Spiels mit dem Status (und letztlich ist es ein Spiel) ist die Kombination innen hoch / außen tief. Sie sind mit dieser Statuskombination stark, ohne dabei dominant zu wirken. Sie schaffen es dank Ihrer Flexibilität, trotz eines hohen inneren Status, beruhend auf Ihrem Selbstwert, sich nach außen im Tiefstatus zu zeigen. Warum sollten Sie das tun? Weil es die Situation erfordert. Gerade im Umgang mit starken Gesprächspartnern mit Doppelhochstatus oder auch solchen, die nur im Außen einen Hochstatus zeigen, kann diese Kombination sehr effektiv sein.

Statusflexibilität als Ziel

Das Ziel ist nicht – wie man vermuten könnte – sich immer in die innen hoch / außen hoch Rolle zu begeben und so den doppelten Hochstatus zu demonstrieren. Manchmal kommen Sie damit nicht weiter, weil Sie zum Beispiel auf jemanden treffen, der dieselbe Rolle einnimmt. Dann kann das ein langes und mühsames Gerangel darum werden, wer den höheren Status und damit das Sagen hat.

Natürlich haben Ihre Verkaufsgespräche das Ziel, Umsatz zu machen, und das zu möglichst guten Konditionen. Aber auf der grundlegenderen Ebene der Gesprächskontrolle und Macht im Gespräch gibt es zwei Ziele für Sie:

- Einen möglichst hohen inneren Status zu erlangen und möglichst permanent zu behalten.

- Im Außen den Status zu zeigen, den die Situation erfordert, den, mit dem Sie am schnellsten und leichtesten an Ihr Ziel (in unserem Fall die Führung im Gespräch) gelangen.

Das erste Ziel – einen möglichst hohen inneren Status zu erreichen und zu behalten – ist weniger eine Frage der Gesprächsführung, sondern vielmehr eine der Persönlichkeitsentwicklung. Der innere Status, der viel mit Begriffen wie Selbstwert, Selbstbewusstsein oder auch Selbstvertrauen zu tun hat, ist etwas, das eine grundlegende Bedeutung nicht nur für Verkaufsgespräche und Verhandlungen, sondern für Ihr gesamtes Leben hat.

Doch auch, wenn Sie einen inneren Status aufgebaut haben, der es Ihnen ermöglicht, die meisten Situationen, die das Leben für Sie bereithält, weitgehend selbstsicher und erfolgreich zu meistern, bedeutet das nicht, dass Sie diesen im Außen auch immer zeigen müssen. Manchmal ist es besser, genau das nicht zu tun, um ein Ziel – etwa in einem Verkaufsgespräch – zu erreichen. Das bedeutet konkret, dass Sie sich bisweilen auch bewusst unterordnen, um die Kontrolle zu bekommen und Ihre Ziele durchzusetzen. Wobei selbst die Kontrolle im Gespräch letztlich nicht das Wichtigste ist, sondern Ihre Ziele zu erreichen. Und wenn Sie das schaffen, indem Sie die Kontrolle zeitweise oder ganz abgeben, dann ist das völlig in Ordnung – solange Sie das ganz bewusst steuern und das Spiel aktiv spielen.

Was Sie daher brauchen, ist keine Fixierung auf eine Statusrolle im Außen. Das würde Sie unflexibel und starr erscheinen lassen. Das wäre wie, wenn Sie nur einen Weg zum Ziel kennen würden, um am ersten größeren Hindernis, das auf diesem Weg auftaucht, zu scheitern. Vielmehr ist es hilfreich, wenn Sie viele Wege zum Ziel kennen. Für manche zeigen Sie einen hohen Status im Außen, für andere halten Sie sich zurück und schlüpfen bewusst in einen tiefen Status.

Das Statusspiel in Verkaufsgesprächen

Sie sollten die Gesprächsführung, wie ich bereits habe anklingen lassen, daher als Spiel betrachten. Eines, das auf mehreren Ebenen gespielt wird. Einerseits auf der inhaltlichen Ebene mit Produkten, Angeboten, Preisen, Zahlen, Daten und Fakten. Die andere Ebene, die parallel zur inhaltlichen läuft, ist jene, bei der es um die Frage geht: Wer hat den höheren Status und damit mehr Macht und Kontrolle über das Gespräch? Und diese Ebene ist nicht weniger wichtig als die erste. Allein das bessere Angebot zu haben, garantiert Ihnen noch lange nicht, dass Sie das Spiel gewinnen. Sie müssen das Spiel auf der Statusebene mindestens genauso gut beherrschen wie jenes auf der inhaltlichen Ebene.

Dabei geht es, wie erwähnt, nicht darum, permanent zu zeigen, dass man der Größere oder der Mächtigere ist. Ganz im Gegenteil. Das wäre definitiv zu viel des Guten. Wenn Sie wissen, was Sie tun, reicht es, an den richtigen Stellen zu zeigen, dass Sie die Zügel in der Hand haben. Der Anfang des Gespräches oder der Kundenbeziehung überhaupt ist dabei meist entscheidend. Zu Beginn werden die Weichen für Vieles, was später geschieht, gestellt. Auch der Schluss eines Gesprächs ist wichtig. Er bildet mit dem Beginn den Rahmen, in dem das Gespräch verläuft.

Zwischendurch müssen Sie ab und an Hochstatus zeigen und die Gesprächszügel ein wenig anziehen, wenn Sie Gefahr laufen, die Kontrolle zu verlieren. Einige dieser kritischen bis gefährlichen Situationen und wie Sie sich in diesen verhalten können, um die Kontrolle zu behalten, werden wir weiter hinten im Buch besprechen. Ein reales und erfolgreiches Gespräch gelingt meist mit einem Wechsel zwischen Hoch- und Tiefstatus.

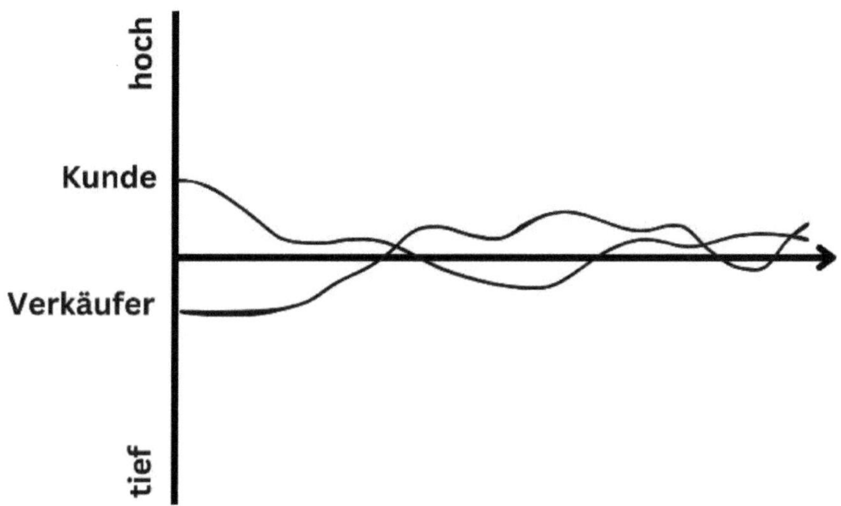

Ansonsten aber, wenn alles gut und in die richtige Richtung läuft, können Sie sich achtsam und aufmerksam, aber entspannt zurücklehnen und die Zügel auch mal ganz lockerlassen. Zwischendurch darf sogar Ihr Gesprächspartner immer wieder mal größer sein als Sie, oder zumindest sollte er das Gefühl haben. „Make the customer feel great" – ist etwas, das erfolgreiche Verkäufer verinnerlicht haben.

Als Verkäufer immer im Hochstatus mit straffen Zügeln ein Verkaufsgespräch oder eine Verhandlung führen zu wollen, wäre unglaublich anstrengend und würde letztlich kein gutes Gespräch ergeben – nicht einmal dann, wenn Sie Ihr primäres Ziel erreichen würden. Sie können die meiste Zeit über lieb und nett sein, was uns gleich zum nächsten Thema bringt ...

Respekt oder Sympathie?

... denn was den Status im Außen angeht, so hat dieser auch Auswirkung auf Respekt und Sympathie. Je höher Ihr Status im Außen ist, desto mehr Respekt wird Ihnen entgegengebracht. Je niedriger dieser ist, desto sympathischer wirken Sie, wobei das Grenzen hat. Irgendwo gibt es in vielen Situationen eine Grenze, unterhalb derer Sympathie in Bedeutungslosigkeit oder sogar so etwas wie Verachtung umschlagen kann. Das heißt, wenn Sie sich allzu unterwürfig zeigen sollten, dann sammeln Sie damit keine Sympathiepunkte.

Aber in weiten Bereichen des Spiels müssen Sie sich entscheiden, ob Sie mehr respektiert oder mehr gemocht werden wollen. Was die Führung von Verkaufsgesprächen und Verhandlungen betrifft, so würde ich den Respekt vor die Sympathie stellen. Wenn Sie sehr sympathisch wirken, aber kaum respektiert werden, werden Sie es nicht schaffen, die Kontrolle über die Gesprächsführung zu bekommen. Können Sie dennoch etwas verkaufen? Ja, natürlich, vor allem dann, wenn Ihr Tätigkeitsbereich nicht sehr kompetitiv ist und Sie es mit einem netten und entgegenkommenden Kunden zu tun haben.

Wenn es aber darum geht, so wie es dieses Buch zum Thema hat, in Ihren Gesprächen die Zügel in der Hand zu behalten und auf Augenhöhe zu kommunizieren, brauchen Sie unbedingt eine gehörige Portion Respekt und müssen im Gegenzug dafür auf einen Teil der Sympathiepunkte verzichten. Aber keine Angst, Sie müssen deshalb nicht zum verhassten Ekel mutieren. Wenn Sie das Spiel geschickt spielen, dann schaffen Sie es, eine Menge Respekt zu erhalten, ohne allzu sehr an Sympathie zu verlieren.

Lieber sympathisch als respektiert

Doch Hand aufs Herz, wenn Sie sich entscheiden können, was Sie lieber von anderen bekommen: Respekt oder Sympathie? Die meisten Verkäufer, die ich kenne (und das sind viele), bevorzugen es, sympathisch zu wirken, und verhalten sich dementsprechend. Sie sind häufig der „Freund" des Kunden. Das ist allerdings keine bewusste, durchdachte Entscheidung, die getroffen wird, sondern vielmehr eine Grundhaltung, die der Normalzustand ist, solange nicht bewusst ein anderes Verhalten gewählt wird.

Wie sehr Sie im Verkauf Respekt oder aber Sympathie benötigen, hängt auch von der Art Ihrer Verkaufstätigkeit ab. Wenn Sie vor allem in der Gewinnung von Projekten und Kunden tätig sind, in Bereichen, wo es darum geht, die erste Hürde zu überwinden und überhaupt einen ersten Kontakt herzustellen, dann ist Respekt die wichtigere Eigenschaft. Haben Sie vor allem mit bestehenden Kunden zu tun, die Sie hegen und pflegen und mit denen Sie das Geschäft in kleinen Schritten entwickeln, nimmt Sympathie an Bedeutung zu. Dabei bedeutet das in keinem der Fälle „Entweder sympathisch ODER respektiert". Vielmehr wollen Sie möglichst viel von Beidem. Doch, und das ist wichtig, müssen Sie bereit sein, auf ein wenig Sympathie zu verzichten, um an Respekt zu gewinnen, wenn Sie vor dieser Wahl stehen und es darauf ankommt.

Spielen Sie bewusst

Wie schon erwähnt haben wir alle einen Normalzustand (eine Default Variante), was den Status angeht – sowohl außen als auch innen. Den Äußeren können Sie relativ leicht beeinflussen und verändern (damit beschäftigen wir uns im größten Teil des Buches). Den Inneren können Sie aber ebenfalls beeinflussen. Allerdings ist die Veränderung des inneren Status meist ein längerer und langsamerer Prozess. Die Taktik oder Strategie, die Ihren Selbstwert und damit Ihren inneren Status von jetzt auf gleich grundlegend und nachhaltig erhöht, die gibt es nicht bzw. kenne ich sie nicht. Allerdings habe ich ein paar Tipps für Sie im Buch, wie Sie auch daran arbeiten können.

Doch egal wo Sie stehen und was Ihr Ziel ist, Sie haben einen Vorteil gegenüber Ihrem Gesprächspartner, wenn Sie das Gespräch bzw. den gesamten Verkaufsprozess als Spiel sehen, das Sie BEWUSST spielen. Ihr Gegenüber wird es in den meisten Fällen mit wenig oder gar keiner Bewusstheit spielen. Die Tatsache, dass Sie dieses Buch lesen und sich so auf Ihr Spiel und die Spielzüge vorbereiten, ist bereits ein sehr bewusster Akt.

Weniger Unterschied, mehr Wettkampf

Eine weitere Frage, die sich in diesem Zusammenhang stellt, ist die, ob dieser Wettbewerb oder sogar der Kampf um Macht und Kontrolle im Gespräch immer stattfindet. Ich persönlich denke, dass in sehr vielen, vielleicht sogar den meisten oder allen zwischenmenschlichen Interaktionen abgecheckt wird, wer gerade den höheren Status und damit mehr Macht hat. In den allermeisten Fällen allerdings ist das nicht von Bedeutung und läuft auf so niedrigem Niveau und damit für alle Beteiligten unbewusst und unbemerkt ab.

Spannend wird es vor allem in jenen Situationen, in denen es um etwas geht, das beide wollen, aber nur einer haben kann, und das vor allem dann, wenn der anfängliche Unterschied im Status beider Personen gering ist.

Wenn in einem Gespräch oder einer Verhandlung der Status einer Person von Beginn an sehr weit über dem der anderen liegt, kommt es kaum zum Kämpfen um die Führung und Kontrolle. So einem übermächtigen Gegner unterwerfen sich die meisten ganz automatisch. Wenn der Abstand nicht so groß ist oder es gar keinen gibt und beide gleichauf sind, was Ihren Status angeht, dann macht das Kämpfen um die Vorherrschaft und Kontrolle für beide mehr Sinn (und nebenbei gesagt auch mehr Spaß), weil jeder die Chance hat, zu gewinnen und diese auch sieht.

Höherer Status, aber wie?

Wenn Sie nach all dem Gesagten zu der Meinung gelangt sind, dass Ihnen ein höherer Status (innen und außen) in Ihrem Beruf helfen würde, dann stellt sich die Frage: Wie erlangen Sie einen höheren Status? Die gute Botschaft ist: Status ist etwas, das veränderbar ist und sich – auch im Verlauf eines Gespräches – immer wieder ändert. Das bedeutet, Sie können aktiv etwas tun, um Ihren Status zu erhöhen. Darauf zielen auch die 101 Strategien ab, die ich für Sie in diesem Buch gesammelt habe. Gleichzeitig ist es aber auch nicht ganz so einfach. Sie können sich den höheren Status zwar nehmen, aber das wird nur dann funktionieren, wenn er Ihnen von Ihrem Gesprächspartner auch zugestanden wird. Es ist also ein spannendes Wechselspiel von Über- und Unterordnung.

Und auch wenn es nicht immer gelingen wird, die Oberhand zu behalten, steigen Ihre Chancen deutlich, wenn Sie es bewusst anstreben und Taktiken bzw. Strategien anwenden, die darauf ausgelegt sind, Ihren Status zu erhöhen.

Authentizität ist Trumpf

Doch die Taktiken einzusetzen, bringt Ihnen nicht unbedingt den Vorteil, den Sie sich erhoffen. Ausschlaggebend ist nicht nur das „Was" der Taktik oder Strategie, sondern vor allem auch das „Wie". Solange Sie es nicht schaffen, dass Ihr Verhalten auf den anderen glaubhaft und authentisch wirkt, sind die psychologisch raffiniertesten Taktiken recht wirkungslos. Häufig geht es bei den folgenden Taktiken darum, im Außen einen Hochstatus zu zeigen. Und genau das ist die Herausforderung. Glaubwürdig einen Tiefstatus zu zeigen, fällt uns meist leichter – nicht zuletzt deshalb, weil es für viele Verkäufer wie bereits erwähnt der natürliche Normalzustand, der Default-Modus ist.

Und wenn Sie sich im Außen als jemand mit Hochstatus geben, sich innerlich aber im Tiefstatus befinden, wird das, was Sie im Außen tun, häufig nicht authentisch und glaubhaft wirken. Menschen haben einen sechsten Sinn für so etwas und durchschauen so eine Fassade ohne Substanz dahinter erstaunlich leicht. Was also können Sie tun? Wie können Sie diese Glaubwürdigkeit und Authentizität erreichen?

Dahin führen zwei Wege, die Sie beschreiten können:

- Sie können das Hochstatus-Verhalten extrem gut spielen oder

- Sie können tatsächlich einen inneren Hochstatus erlangen.

Vorweg: Zweiteres ist das deutlich bessere, also das, was Sie unbedingt anstreben sollten. Doch solange Sie nicht, oder noch nicht ausreichend davon haben, ist der erste Weg als vorübergehende Lösung auch eine Möglichkeit. Und glaubwürdig einen Hochstatus im Außen zu zeigen, werden Sie in dem Fall dann können, wenn Sie die Taktiken und Verhaltensweisen sehr gut und oft geübt haben.

Fake it till you make it!

Dabei gibt es allerdings eine interessante Sache: Durch das intensive Üben verinnerlichen Sie diese Verhaltensweisen so sehr, dass diese Sie Ihrerseits beeinflussen und Ihren inneren Status erhöhen. Ihr Denken beeinflusst Ihr Verhalten, aber Ihr Verhalten beeinflusst Ihr Denken ebenso. Es ist ein Kreislauf, der sich positiv selbst verstärkt. Ihr

Unbewusstes (vermutlich ist es dieser Teil Ihres Gehirns) nimmt wahr, dass Sie sich wie jemand mit Hochstatus verhalten und denkt sich: *„Dann muss da wohl etwas daran sein"*. So wird Ihr Denken in die richtige Richtung adaptiert. Das wiederum verstärkt und erleichtert Ihr Hochstatus-Verhalten. Natürlich funktioniert der sich selbst verstärkende Kreislauf in die Gegenrichtung genauso.

So werden Verkaufsgespräche und Verhandlungen bzw. die Vorbereitung darauf und die Übung gewisser Teile und Sequenzen zu einer Art Therapie – könnte man sagen. Demzufolge steckt in dem Spruch „Fake it till you make it" – täusche es so lange vor, bis du es tatsächlich bist – sehr viel Wahrheit drin.

Macht, Kontrolle & Co.

Neben dem Status gibt es noch ein paar andere Begriffe, die ich auch jetzt schon verwendet habe. Einige dieser Begriffe beschreiben Ähnliches und überschneiden sich zum Teil. Zur Klarstellung daher eine kurze Begriffsdefinition, um ein einigermaßen gemeinsames Verständnis zu haben.

Dominanz

Dominanz hat damit zu tun, wie sehr Sie das Gespräch bestimmen. Es ist gut, die Zügel in der Hand zu haben, aber es ist wichtig, nicht zu überwältigend zu sein, sondern gut zu dosieren. Dominanz sollte genutzt werden, um das Gespräch effektiv zu führen, ohne den Kunden zu überrumpeln oder zu erdrücken. Das Ziel ist es, eine Balance zu finden, in der Sie führen, ohne die Bedürfnisse des Kunden zu ignorieren.

Kompetenz

Kompetenz im Kontext eines Verkaufsgesprächs bezieht sich auf das Wissen, die Fähigkeiten und die Erfahrung, die ein Verkäufer besitzt, um die Bedürfnisse des Kunden zu verstehen und angemessene Lösungen zu bieten. Sie ist die Grundlage, auf der Vertrauen aufgebaut wird und beeinflusst maßgeblich den Status und die Macht des Verkäufers im Gespräch. Kompetente Verkäufer können effektiv kommunizieren, die Kontrolle über das Gespräch behalten und sich durch ihre Fachkenntnis auszeichnen, ohne dabei dominierend zu wirken.

Macht

Macht bedeutet, Einfluss zu haben. Im Verkauf haben Sie Macht, wenn Sie das Gespräch beeinflussen und leiten können. Es geht darum, die richtigen Fragen zu stellen, auf den Kunden einzugehen und geschickt zu argumentieren. Die Macht eines Verkäufers kommt nicht nur von seinem Titel, sondern auch von seiner Fähigkeit, Vertrauen zu schaffen und Bedürfnisse zu erkennen.

Durchsetzungsvermögen

Mit der Macht einher geht Ihr Durchsetzungsvermögen in Gesprächen. Je mehr Sie davon haben, umso öfter schaffen Sie es, dass Ihre Standpunkte, Ideen und Forderungen rascher und leichter von Ihrem Gesprächspartner akzeptiert und angenommen werden. Und genau das ist es, was das Ziel jedes Verkaufens ist. Der Begriff Durchsetzungsvermögen wird allerdings gerne mit Druck in Verbindung gebracht. Dabei muss keinerlei Druck im Spiel sein. Sie können auch auf eine sehr sanfte Art ein hohes Durchsetzungsvermögen haben.

Kontrolle

Kontrolle im Verkauf bedeutet, das Gespräch zielgerichtet zu führen. Ein Verkäufer mit Kontrolle hält das Gespräch auf Kurs und steuert es in Richtung Abschluss. Sie behalten den Überblick, setzen die richtigen Schwerpunkte und helfen dem Kunden, Entscheidungen zu treffen. Kontrolle ist nicht gleichbedeutend mit Dominanz. Sie bedeutet, das Gespräch zu führen, ohne den Kunden zu bevormunden.

Wie Sie sehen, hängen all diese Begriffe eng zusammen. Sie werden auch alle wechselweise in diesem Buch finden. Das eine bedingt häufig das andere und dieses wirkt sich wieder auf das eine aus. Dabei geht es mir an dieser Stelle nicht um eine trennscharfe Definition. Diese ist für die Zwecke dieses Buches nicht nötig. Es reicht vollkommen, eine gemeinsame Idee vom jeweiligen Begriff zu haben, um die Inhalte dieses Buches in Ihre Praxis umsetzen zu können.

TEIL 2

101+ TAKTIKEN UND STRATEGIEN FÜR MEHR MACHT UND KONTROLLE IN GESPRÄCHEN

TAKTIKEN, STRATEGIEN UND TIPPS FÜR MEHR MACHT UND KONTROLLE IN GESPRÄCHEN

Wie in der Einleitung bereits angekündigt wurde, gibt es eine Vielzahl solcher Strategien, Vorgehensweisen und Taktiken – größere und kleinere –, die für Ihr Ziel, mehr Macht in Ihren Kundengesprächen zu erlangen und auf Augenhöhe zu kommunizieren, nützlich sind. Sie werden staunen, wie viele es sind und in welchen Bereichen Sie manchmal an kleinsten Stellschrauben drehen können, um spürbare Veränderungen im Machtgefüge zu bewirken.

Obwohl es genau genommen Unterschiede zwischen Strategien, Taktiken, Vorgehensweisen und vielleicht sogar Tricks gibt, werde ich der vereinfachten Ausdrucksweise halber alle diese Begriffe wechselweise verwenden.

Zur besseren Übersicht und Orientierung für Sie habe ich die 101+ Strategien und Taktiken in folgende größere Bereiche eingeteilt:

- Allgemeine Taktiken

- Taktiken im Verkaufsprozess- und Gesprächsablauf

Wie Ihnen vermutlich schon aufgefallen ist, sind diese chronologisch entlang der Abfolge in einem typischen Kommunikationsprozess zwischen Kunde und Verkäufer gereiht. Ein Teil davon bezieht sich auf das Verkaufsgespräch selbst, aber das sind nicht die einzig wichtigen Phasen. Es gibt auch die Phasen vor, nach und zwischen den Gesprächen.

In vielen Branchen sind Verkaufsprozesse oder Verhandlungen eine Abfolge von zwei oder mehreren Gesprächen.

Innerhalb der einzelnen Bereiche gibt es stellenweise auch noch weitere Unterteilungen, je nach Bedarf und Sinnhaftigkeit für die praktische Anwendung.

Die Gliederung wird Ihnen helfen, die eine oder andere Taktik zu finden, die Sie in einer bestimmten Gesprächssituation einsetzen könnten, oder auch eine wiederzufinden, die Sie gelesen haben, aber nochmals nachschlagen wollen.

Aus demselben Grund habe ich die einzelnen Taktiken auch durchnummeriert. Die Zuordnung und Auffindbarkeit werden dadurch einfacher. Nun aber genug der Erklärungen. Lassen Sie uns damit beginnen, welche allgemeinen Taktiken Sie nutzen können, um Ihre Machtposition in Gesprächen zu stärken und so auf Augenhöhe zu kommunizieren.

Allgemeine Taktiken

Alle Taktiken, die sich in unterschiedlichen Situationen anwenden lassen, habe ich, soweit sinnvoll, in einem ersten allgemeinen Abschnitt zusammengefasst.

46

Mindset, Einstellung und Haltung

Die Einstellung, die Sie dem Gesprächspartner gegenüber, vor allem aber auch sich selbst gegenüber haben, ist vermutlich der allerwichtigste Einflussfaktor auf das Machtgefüge in einem Gespräch, gleichzeitig aber auch einer, der nicht immer einfach zu ändern ist. Diese steht in engem Zusammenhang und in Wechselwirkung mit Ihrem inneren Status. Häufig bedarf es intensiver Arbeit an sich selbst und das über einen längeren Zeitraum. Es kann durchaus empfehlenswert sein, sich dabei von einem Coach unterstützen zu lassen. Aber das, was Sie dabei gewinnen, ist die Mühe definitiv wert.

Dennoch habe ich im Folgenden ein paar konkrete Tipps, die Ihnen unmittelbar helfen können, gestärkt in ein Gespräch zu gehen.

1. ÜBERPRÜFEN SIE IHRE EINSTELLUNG SICH SELBST GEGENÜBER

Wie sehen Sie sich im Hinblick auf das Gespräch und den Gesprächspartner? Stark oder schwach? Kleiner oder auf Augenhöhe? Unterlegen, überlegen oder ebenbürtig? Wenn Sie sich kleiner bzw. unterlegen fühlen, dann begeben Sie sich auf die Suche nach den Gründen dafür. Noch viel wichtiger ist es aber, Argumente aufzulisten, die Ihnen selbst verdeutlichen, dass es keinen Grund dafür gibt. Allein durch die so gewonnenen Einsichten und das höhere Maß an Klarheit kann sich die Sichtweise bereits verändern.

Es ist ein Kreislauf. Je stärker Sie sich fühlen, desto mehr Status wird Ihnen von Ihrem Gegenüber zugestanden, denn Ihre Stärke und Sicherheit drückt sich ganz automatisch in unbewussten Verhaltensweisen, Ihrer Körpersprache, Ihrer Stimme und Ihrer Sprechweise aus. Und der höhere Status, der Ihnen zugestanden wird, beeinflusst seinerseits Ihr Gefühl positiv.

2. ÜBERPRÜFEN SIE IHRE EINSTELLUNG IHREM GESPRÄCHSPARTNER GEGENÜBER

Ähnlich wie beim vorhergehenden Punkt können Sie Ihre Analyse auch auf den Gesprächspartner beziehen. Wirkt er groß und mächtig? Mächtiger als Sie selbst? Übermächtig? Wie kommen Sie zu dieser Sichtweise? Schreiben Sie alle Punkte auf, die dafür sorgen, dass dieser Eindruck bei Ihnen entsteht, und prüfen Sie jeden einzelnen auf seinen Wahrheitsgehalt. Wovon lassen Sie sich beeindrucken? Vom Titel, der Seniorität, dem Büro, das von Insignien der Macht nur so strotzt?

Ein Beispiel: Der Kunde ist nicht auf Sie angewiesen? Ist das tatsächlich so? Ja, natürlich gibt es fast immer Alternativen. Manchmal auch bessere und billigere. Aber so attraktiv wie diese auf den ersten Blick aussehen, sind viele bei genauerem Hinsehen gar nicht. Halten Sie sich immer vor Augen: Wenn die anderen Anbieter um so vieles attraktiver wären, dann würde der Kunde vermutlich kein Gespräch mehr mit Ihnen führen.

In dieser Art und Weise können Sie alle Punkte, die Sie notiert haben, hinterfragen und zerpflücken und so Ihren Gesprächspartner von dem Sockel, auf den Sie ihn gestellt haben (bzw. er versucht sich selbst zu stellen) wieder herunterholen. Sie können hinter die Fassade blicken, die der andere aufgebaut hat, um seine Gesprächsmacht zu vergrößern. Und in allen Fällen werden Sie letztlich feststellen: Es ist auch nur ein Mensch.

Dabei werden Ihnen auch die Kenntnis all der Taktiken, die in diesem Buch noch folgen werden, helfen. Sie werden bemerken, dass Ihr Gegenüber einige davon ebenso anwendet, Ihre Funktionsweise durchschaut und so ihre Wirkung verringert.

3.   STÄRKEN SIE IHR SELBSTBEWUSSTSEIN KURZFRISTIG

Ein starkes Selbstbewusstsein ist in Verkaufsgesprächen und Verhandlungen viel Geld wert. Daher folgen ein paar leicht umsetzbare Tipps, um Ihr Selbstbewusstsein etwa unmittelbar vor einem Gespräch kurzfristig und einfach zu stärken. Ich weiß, sie klingen teilweise seltsam, aber sie wirken.

- Hören Sie sich (am besten laut, mit Kopfhörern) Musik an, die Ihnen gefühlt mehr Selbstbewusstsein und Energie bringt (das kann Mozart sein oder auch AC/DC).

- Machen Sie den Capewalk: Stellen Sie sich vor, Sie sind Superman (oder Superwoman) und Ihr Cape weht hinter Ihnen während Sie so gehen, wie ein Superheld gehen würde. Drehen Sie ein paar Runden im Raum oder eine Strecke im Freien.

- Winkeln Sie Ihre Arme an, drehen Sie Ihre Handflächen nach oben, ballen Sie Ihre Fäuste fest und spannen Sie Ihre Arm- und Schultermuskeln an. Halten Sie die Spannung ein paar Sekunden und lockern Sie diese dann. Wiederholen Sie diese Übung ein paar Mal. Wenn Sie dabei grimmig bis gefährlich schauen und noch einen dazu passenden Laut von sich geben, verstärken Sie die Wirkung noch.

- Ziehen Sie Kleidung an, in der Sie sich wertvoll und wichtig fühlen.

Der Effekt dieser kleinen Tricks für mehr Selbstbewusstsein hält nicht sehr lange an. Aber gerade für die wichtige Startphase eines Gespräches versetzen Sie sich dadurch in den richtigen Zustand. Und wenn Sie diese Übungen immer wieder machen, wird sich auch ein nachhaltiger Effekt einstellen.

4. VERKAUFEN SIE SICH IHR PRODUKT SELBST

Die ersten und wichtigsten Kunden in einem Unternehmen sind die eigenen Mitarbeiter, besonders natürlich die eigenen Verkäufer. Wenn diese überzeugt, besser noch begeistert vom eigenen Angebot sind, wird es Ihnen leicht fallen, den Kunden zu überzeugen.

Was Macht und Augenhöhe betrifft, so ist es sehr viel einfacher, auf Augenhöhe zu kommunizieren, selbst mit einem mächtigen Gesprächspartner, wenn Sie von Ihrem Angebot begeistert sind. Dann ist die Gefahr, dass Sie sich als Bittsteller fühlen, der auf die Gnade des Kunden angewiesen ist, sehr viel geringer. Die hilfreichere Haltung ist: Ihr Kunde kann sich glücklich schätzen, wenn Sie ihm Ihr großartiges Produkt verkaufen.

Speziell dann, wenn Ihre Überzeugung, was das eigene Angebot angeht, noch zu wünschen übriglässt, verkaufen Sie sich zuerst Ihr eigenes Produkt bzw. Ihre eigene Dienstleistung. Wenn Sie in größeren Unternehmen arbeiten, können Sie auch Ihren Vorgesetzten oder das Produktmanagement ersuchen, Sie dabei zu unterstützen, noch überzeugter vom eigenen Angebot zu werden.

Aussehen, Kleidung und Accessoires

Lassen Sie uns die nächsten Schritte von außen nach innen gehen und dabei beim Aussehen und der Kleidung beginnen. Dabei sind es oft Kleinigkeiten, manche davon leichter, manche schwerer veränderbar, die eine Rolle im Machtgefüge des Gesprächs spielen können. Einige der folgenden Punkte hängen von Ihrer Genetik ab und sind daher nicht veränderbar. Doch keine Angst: Es handelt sich in keinem der Fälle um KO-Kriterien. Alle diese Punkte sind auch durch andere Taktiken kompensierbar.

In diesen Abschnitt habe ich übrigens auch „erweiterte Accessoires" wie Möbelstücke und Ähnliches mit einbezogen.

5. MACHEN SIE SICH GRÖßER

Größere Menschen wirken von Natur aus dominanter. Kleinere müssen zu Ihnen im wahrsten Sinne des Wortes aufblicken und tun das dann auch häufig – auch beziehungstechnisch. Das heißt, die Körpergröße definiert einen physischen Unterschied, aus dem sich dann auch ein Statusunterschied ergibt.

Wenn Sie mehr Macht in einem Gespräch wollen, machen Sie sich daher größer. Auf Augenhöhe zu sprechen, ist hier durchaus wörtlich zu verstehen. Das ist natürlich nur bedingt beinflussbar. Frauen haben einen Spielraum durch die Höhe der Absätze, Männer dabei aber auch ein paar wenige Zentimeter. Es gibt sogar Spezialschuhe für Männer, die diese unauffällig ein paar Zentimeter größer machen.

Allerdings werden viele Verkaufsgespräche und Verhandlungen im Sitzen geführt. Dabei ist die Länge des Oberkörpers wichtiger als die gesamte Größe. Darüber hinaus wird beim Sitzen die Größe auch durch die Höhe der Stühle beider Gesprächspartner mit beeinflusst. Ein Trick mancher Einkäufer ist es, den Verkäufern ganz bewusst Stühle anzubieten, die niedriger sind als ihre eigenen. Wählen Sie daher – wo immer es möglich ist – einen Stuhl, der genauso hoch ist wie der Ihres Gegenübers oder vielleicht sogar eine Spur höher (aber übertreiben Sie es dabei nicht). Wenn es höhenverstellbare Stühle sind, nutzen Sie diese Möglichkeit, um sich auf die optimale Gesprächshöhe zu bringen.

Gleichzeitig sollten Sie den Faktor Körpergröße aber auch nicht überbewerten. Die Weltgeschichte ist voll von Männern (meistens waren es solche, aber vielleicht auch Frauen), die es hervorragend geschafft haben, Ihre geringe Körpergröße zu kompensieren und einen sehr hohen Status und viel Macht hatten.

6. BEEINDRUCKEN SIE MIT STATUR

Die Körpergröße ist ein Faktor, der in Kombination mit der Statur besonders stark wirkt. Eine Person, die zwei Meter groß ist, dabei aber nur 75 Kilogramm wiegt, würde nicht annähernd so dominant wirken wie jemand, der bei dieser Größe 110 Kilo wiegt und athletisch gebaut ist. Das Thema ist naturgemäß bei Männern auch noch etwas anders zu betrachten als bei Frauen.

Ihre Statur können Sie beeinflussen, wenngleich das keine schnelle Gesprächstaktik ist, sondern etwas länger zur Umsetzung braucht. Auch Art und Schnitt der Kleidung können dabei die Wirkung verstärken. In den 80ern zum Beispiel waren Sakkos und Mäntel, mit extremen Schulterpolstern in Mode, wodurch die Träger deutlich breiter und athletischer gewirkt haben. Ob Sie das tun wollen und wie weit Sie dabei gehen wollen, nur um mehr Gesprächsmacht zu erlangen, ist eine Entscheidung, die Sie selbst treffen müssen.

7. OPTIMIEREN SIE IHRE FRISUR

Wesentlich einfacher, leichter veränderbar und schneller beeinflussbar sind Frisur und Haarfarbe. Es gibt Studien, die deutlich machen, dass diese Faktoren Auswirkungen auf die wahrgenommene Kompetenz und damit auch auf die Macht in Gesprächen haben. Die folgenden Punkte betreffen zwar Männer wie Frauen, sind aber in der Praxis vor allem für Frauen relevant.

Dunklere Haare wirken kompetenter als helle und kürzere kompetenter als lange. Wenn Sie kompetenter wirken wollen, tragen Sie die Haare nicht offen, wenn diese lang sind, sondern stecken Sie diese hoch bzw. zusammen oder binden Sie sich einen Pferdeschweif.

Nachdem sich bei solchen Punkten ein gewisser innerer Widerstand in so mancher Leserin regen könnte, möchte ich nochmals betonen, dass diese Faktoren keine KO-Kriterien sind. Es gibt natürlich junge Frauen mit langen, offen getragenen Haaren, die es dennoch sehr gut schaffen, ausreichend Macht in Gesprächen zu erlangen und mit älteren, männlichen und in der Hierarchie höheren Gesprächspartnern auf Augenhöhe zu kommunizieren.

8.   PASSEN SIE IHR ALTER AN

Auch das Alter spielt eine gewisse Rolle, wenn es um Kompetenzwirkung und damit auch um Macht in Gesprächen geht. Bis zu einem gewissen Alter bringt ein höheres Alter einen Machtgewinn. Dieser kann auch ab einer bestimmten Grenze wieder abnehmen. So passiert es regelmäßig, dass Pensionisten mit höherem Alter immer weniger ernst genommen werden (was aber auch mit ihren Verhaltensweisen zusammenhängen kann). Speziell, wenn Sie sehr jung sind, kann es sehr hilfreich sein, daran zu arbeiten, älter zu wirken.

An dieser Wirkung können Sie mittels folgender Dinge arbeiten:

- Haarfarbe und Frisur (wie im vorangegangenen Punkt beschrieben)

- Bärte lassen Männer oft um 5 – 10 Jahre älter wirken

- Kleidung – konservativere Kleidung lässt älter wirken

- Accessoires, wie Brillen können einen – geschickt ausgewählt – älter wirken lassen

In manchen Branchen, in denen hohe Kompetenz besonders wichtig ist, ist es durchaus von Vorteil, älter zu sein bzw. zu wirken. Wenn Sie älter wirken wollen, experimentieren Sie mit den erwähnten Einflussfaktoren. Holen Sie sich dazu am besten auch Feedback von anderen ein.

9. WÄHLEN SIE KLEIDUNG UND ACCESSOIRES GEZIELT

Bei all den Informationen, Tipps und Taktiken zu diesem Punkt darf eines nicht außer Acht gelassen werden: Ihr Äußeres sollte bzw. muss zum Kunden, zu Ihrem Unternehmen und dem Angebot passen. Das ist die Grundregel, die nur in Ausnahmefällen gebrochen werden darf. Innerhalb dieser Regel können Sie mit den folgenden Taktiken Ihr Äußeres im Hinblick auf mehr Dominanz und Macht optimieren.

Die Macht der Marken

Bestimmte Kleidungsstücke bzw. eine bestimmte Art sich zu kleiden, kann Ihre Macht in Gesprächen verstärken. Naturgemäß lässt Sie alles, was teurer und seltener ist, tendenziell mächtiger und dominanter wirken. Speziell bekannte Marken im gehobenen Bereich unterstreichen diese Wirkung. Überflüssig zu sagen, dass das kein Aufruf zum übermäßigen Einsatz von Markenprodukten ist. All das muss mit Fingerspitzengefühl genutzt und kombiniert werden.

Maßkleidung als Statusturbo

Oft ist es bei Kleidung und Accessoires aber auch der gezielte Einsatz von Nicht-Marken, ein gewisses Understatement, das den Status erhöht.

Das ist vor allem dann bzw. nur dann der Fall, wenn der Gesprächs-partner ein „Eingeweihter" ist.

So wird es etwa den meisten Menschen nicht auffallen, wenn an den Ärmeln Ihres Sakkos der letzte Knopf offen ist. Die „Eingeweihten" sehen so etwas aber sofort und wissen, dass es sich dann vermutlich um ein Maßsakko handelt. Bei Maßhemden verhält es sich genauso. Diejenigen, die selbst welche tragen (oder gerne tragen würden, sich aber keine Maßkleidung leisten können) erkennen ein Maßhemd, die anderen nicht. Dieser Umstand ist beim Einsatz von Maßkleidung zur Statuserhöhung zu berücksichtigen.

Dunkel vor hell

Dunkle Kleidung verleiht der Trägerin oder dem Träger mehr Kompe-tenz (mit Ausnahme von Situationen wie in Krankenhäusern, wo helle bzw. weiße Kleidung Teil der Uniform ist).

Klassisch schlägt modern

Unter den meisten Rahmenbedingungen wirkt klassische Kleidung wie ein Anzug oder Kostüm dominanter als moderne und lassen die Träger kompetenter und mächtiger erscheinen. Die diesbezügliche Wirkung dieser Art von Kleidung wurde vielfach in verhaltenspsychologischen Studien getestet und bestätigt. So hat man etwa einen Mann vor eine Gruppe wartender Passanten bei Rot über einen Fußgängerübergang gehen lassen, um dann zu zählen, wie viele der Wartenden ihm folgen und die Straße ebenso bei Rot überqueren würden. Einmal war der Mann leger mit Jeans und T-Shirt gekleidet, ein anderes Mal mit Anzug und Krawatte. Was denken Sie: Wem ist man öfter gefolgt? Wem würden Sie eher folgen? Ganz klar. Die formell gekleidete Versuchsperson fand deutlich mehr Anhänger, die nach ihm die Straße bei Rot überquerten.

10. WÄHLEN SIE DEN RICHTIGEN STUHL

Das, worauf Sie und Ihr Gesprächspartner sitzen, wirkt sich – wie bereits mehrfach angesprochen – auch auf das Gespräch aus. Und das in vielfacher Hinsicht.

Dominantere und weniger dominante Stühle

Da wäre zum einen die Sache mit dem großen, schweren, lederbezogenen Chefsessel hinter dem wuchtigen Schreibtisch und dem kleinen, etwas niedrigeren und schmucklosen Besucherstuhl, der davorsteht. Die Situation, wie Sie die bedauernswerte Simone vorgefunden hatte, ist in dieser extremen Ausprägung nur selten anzutreffen. Und doch hat die Größe der Stühle eine gewisse Wirkung.

Harte und weiche Stühle

Untersuchungen zeigen auch, dass Menschen, die weicher sitzen, weniger hart verhandeln als solche, die auf harten Sitzflächen platziert sind. So betrachtet würde es Sinn ergeben, sich selbst auf einen harten Stuhl zu setzen und dem Kunden noch ein separates Sitzkissen unterzulegen oder diesen auf einem besser gepolsterten Stuhl sitzen zu lassen.

Bewegliche und starre Stühle

Bewegliche Stühle mit Rollen können leichter Bewegung in die Gespräche und Verhandlungspositionen bringen als starre Stühle.

Sie sehen also: Stuhl ist nicht gleich Stuhl. Überlegen Sie sich vorab, wie Sie die Sitzsituation gestalten, wenn Sie Gestaltungsspielraum haben. Am ehesten können Sie solche Taktiken in Ihren eigenen Räumlichkeiten umsetzen, doch selbst da wird es nicht immer einfach sein und gehört daher gut geplant. Doch auch in neutralen Räumen bzw.

Räumen des Kunden haben Sie einen gewissen Einfluss darauf (dazu kommen wir später noch ausführlich), den Sie auch nutzen sollten.

11. SETZEN SIE DINGE BEWUSST EIN

Neben den klassischen Accessoires und den Stühlen gibt es auch noch andere Dinge, die Sie gezielt einsetzen können, um Status und Macht zu demonstrieren und zu steigern.

Dinge aller Art

Das kann zum Beispiel alles Mögliche sein, was Sie auf dem Schreibtisch oder im Besprechungsraum stehen oder liegen haben (das macht verständlicherweise nur dann Sinn, wenn der Kunde zu Ihnen kommt). Auch hier können Luxusgegenstände statuserhöhend wirken.

Auszeichnungen und Mitgliedschaften

Eine Wand mit Auszeichnungen und Zertifikaten aller Art hinter Ihnen trägt natürlich auch etwas zu Ihrer wahrgenommenen Kompetenz bei. Auch Mitgliedschaften in exklusiveren Clubs wie etwa Rotary werten Sie auf.

Fotos mit Prominenten

In manchen Büros, Meeting- und Warteräumen, aber auch in Restaurants sind die Wände mit Fotos verziert, die jemanden mit einem Prominenten zeigen. Diese Art von VIP-Status strahlt auch auf Sie ab, wenn Sie solche Fotos haben und entsprechend nutzen.

Logos von Kunden

Ähnlich ist es mit Kundenlogos. Nutzen Sie vor allem die Logos Ihrer prominenten Kunden, um durch den Ausstrahleffekt auch Ihren Status und damit Ihre Macht ein wenig zu erhöhen.

Statussymbol Auto

Eines der wohl bedeutendsten Statussymbole und damit auch ein Machtfaktor in Kundenbeziehungen sind Autos. Diese spielen natürlich – wie andere Statussymbole auch – nur dann eine Rolle, wenn der Kunde Ihr Fahrzeug auch zu Gesicht bekommt, was sehr häufig nicht der Fall ist.

Die meisten Verkäufer haben diesbezüglich wenig Spielraum, weil Firmenwagen vorgegeben sind. Wenn Sie allerdings selbst die Möglichkeit haben, sich für den einen oder anderen Wagen zu entscheiden, dann ergibt es durchaus Sinn, darüber in dieser Hinsicht nachzudenken. Das kann, nebenbei angemerkt, auch ein Leihwagen sein, den Sie nach der Anreise mit dem Flugzeug nutzen.

Die Regel in Bezug auf das Auto, das Sie fahren, lautet allerdings nicht: „Je luxuriöser, desto besser". Oberklasse- und Luxusautos sind natürlich ein stark wirkendes Statussymbol, gleichzeitig muss man dabei allerdings auch mit Fingerspitzengefühl vorgehen. Allzu einfach und naheliegend ist es für einen geschickten Einkäufer, den Maserati, A8 oder den Porsche des Verkäufers als Argument einzusetzen: „Also, solange Sie sich solche Fahrzeuge leisten können, mache ich mir um die Margen, die Sie erzielen, keine Sorgen."

Andererseits stellen Sie sich vor, Sie würden im 15 Jahre alten Kleinwagen bei einem Kunden vorfahren, um über ein Millionengeschäft zu verhandeln – da tun Sie sich selbst und Ihrer Ausgangssituation für diese Gespräche nichts Gutes. Ganz abgesehen davon wirkt das Auto, das Sie fahren auch auf Ihren Selbstwert und Ihr Selbstbewusstsein zurück, wie ich am eigenen Leib immer wieder erfahre.

Wenn Sie in Sachen zur Schau getragener Status noch eines draufsetzen wollen würden, dann gäbe es da noch den Chauffeur (nicht den Taxifahrer), der auf Sie wartet, während Sie Ihr Gespräch führen.

„Ist all das mit dem Auto und auch den anderen Statussymbolen nicht sehr oberflächlich?", könnten Sie zurecht anmerken. Und meine Antwort lautet: *„Ja, natürlich ist es das."* Doch darum geht es nicht. Entscheidend für die Zwecke dieses Buches ist vielmehr, ob all diese Dinge Auswirkung auf die Macht in Kundengesprächen haben, und auch hier lautet die Antwort: *„Ja, das haben sie."*

Um diese Wirkung von Autos zu untersuchen, hat man verhaltenspsychologische Experimente folgender Art durchgeführt. Man hat zum Beispiel gemessen, ob es Unterschiede gibt, wie schnell jemand auf der Autobahn Platz macht, wenn sich von hinten ein schnelleres Auto nähert. In dem einen Fall war das eine dunkle Luxuslimousine, im anderen ein alter Kleinwagen. Das Ergebnis wird Sie nicht verwundern. Der Limousine wurde deutlich öfter, schneller und bereitwilliger Platz gemacht als dem Kleinwagen.

12. NUTZEN SIE TITEL

Berufstitel oder akademische Grade sind zwar kein Accessoire, aber in Ermangelung einer anderen passenden Kategorie reihe ich auch dieses Thema hier ein. Wenngleich Titel – was den Status des Trägers angeht –einem Accessoire nicht so unähnlich sind. Titel schmücken und verstärken die wahrgenommene Kompetenz und erhöhen damit Status und Macht im Gespräch. Mittlerweile sind Titel auch schon lange nicht mehr das einzig Entscheidende, leisten aber immer noch einen Beitrag im Spiel um die Gesprächsmacht.

Im Zusammenhang mit Titeln stellen sich mehrere Fragen: Welche haben Sie, welche verwenden Sie und wie zeigen Sie diese? Bei akademischen Titeln wie Dr. oder MBA sind diese Fragen noch relativ einfach zu beantworten. Die hat man oder nicht und verwendet sie üblicherweise (aber nicht unbedingt) etwa auf der Visitenkarte und in der E-Mail-Signatur.

Interessanter – weil mit mehr Spielräumen versehen – sind da schon Berufsbezeichnungen. Es kann für unsere Zwecke einen Unterschied machen, ob Sie Verkäufer auf Ihrer Karte unter Ihrem Namen stehen haben oder aber Key-Account-Manager, Area-Manager, Regionalverkaufsleiter, Gebietsmanager oder Vertriebsleiter Süd – da gibt es noch eine Reihe weiterer mehr oder weniger kreativer Bezeichnungen. Das bedeutet nicht, dass nicht hinter all diesen Bezeichnungen ein und dieselbe Tätigkeit steht. Nicht annähernd jeder Leiter oder Manager hat tatsächlich Mitarbeiter zu führen. Die meisten führen nur sich selbst.

Diese Seite des Spiels mit Berufsbezeichnungen ist zwar allgemein bekannt, aber das bedeutet nicht, dass es keine Wirkung entfalten würde. Spielen Sie es ruhig und nutzen Sie diesen kleinen Hebel, um ein paar Punkte in diesem Spiel zu sammeln – ohne es zu übertreiben natürlich.

Stimme und Sprechweise

Die Stimme ist eines der wichtigsten Werkzeuge im Verkauf. Daher darf es nicht verwundern, wenn sie auch das Machtgefüge zwischen Gesprächspartnern stark beeinflussen kann. Dabei geht es nicht nur darum, die folgenden Taktiken einzeln und losgelöst einzusetzen. Ihre volle Wirkung entfalten Sie vor allem auch, wenn Sie diese kombinieren.

13. SPRECHEN SIE LANGSAMER

Punktuell langsamer und ruhiger zu sprechen verleiht dem Gesagten mehr Kraft. Menschen mit weniger Macht in einer Interaktion versuchen dieses Manko häufig dadurch auszugleichen, dass Sie schnell, fast hektisch sprechen und bewirken damit oft nur genau das Gegenteil. Dem Gesagten fehlt es an Kraft und sie werden weniger glaubwürdig.

Dabei muss allerdings eine gewisse Dynamik beibehalten werden. Die Art, wie Sie reden, darf nicht monoton sein und damit langweilig wirken.

14. MACHEN SIE SPRECHPAUSEN

Bewusst Pausen zu setzen und zu schweigen ist eine sehr effektive Taktik, wenn es darum geht, dominanter zu wirken. Schweigen erzeugt Druck. Pausen auszuhalten – und sei es nur ein paar wenige Sekunden – erfordert Mut und ist oft gar nicht einfach. Das ist auch der Grund, warum Pausen so ein wirksames Machtinstrument sind. Wie und wo Sie Schweigen ganz gezielt einsetzen können, erfahren Sie weiter hinten im Buch.

Ganz generell ist Langsamkeit – vor allem in stressigen Situationen – ein Zeichen von Hochstatus und verstärkt Ihre Position.

15. SPRECHEN SIE MIT KRÄFTIGER STIMME

Andere durch Lautstärke übertrumpfen zu wollen ist oft kontraproduktiv, wenn es darum geht, mehr auf Augenhöhe zu kommunizieren. Eine kräftige Stimme hingegen bringt Ihnen sehr wohl Punkte im Spiel um Macht und Dominanz im Gespräch. Sprechen Sie – punktuell und gut dosiert – lauter, ohne andere überschreien zu wollen.

16. SPRECHEN SIE GEZIELT LEISE

Doch nicht nur kräftiger wirkt dominanter. Auch ganz gezielt leise zu sprechen, kann eine sehr starke Wirkung in Sachen Dominanz entfalten. Wenn Sie es schaffen, dass die anderen Ihre Lautstärke herunterfahren oder das Sprechen sogar ganz einstellen, um zu hören, was Sie sagen (weil Sie bewusst leise sprechen), gewinnen Sie an Macht und Dominanz im Gespräch. Diese Taktik ist vor allem dann gut einsetzbar, wenn Sie es mit mehreren Gesprächspartnern gleichzeitig zu tun haben.

17. NUTZEN SIE IHRE TIEFEN STIMMLAGEN

Tiefere Stimmlagen suggerieren auch mehr Macht und Dominanz als höhere. Das hat damit zu tun, dass tiefe Stimmen mit einer entspannteren Haltung assoziiert werden. Und entspannt kann in einem – möglicherweise schwierigen Gespräch – nur derjenige sein, der sich seiner sehr sicher ist. Das bedeutet, dass tiefe Stimmen mehr Selbstsicherheit ausdrücken.

Das heißt aber nicht, dass Sie Ihre Stimme verstellen und gequält tief sprechen müssen. Es reicht vollkommen, wenn Sie am unteren Ende Ihres Stimmspektrums sprechen. Vor allem auch in Kombination mit der Lautstärke und dem Tempo kann diese Taktik ihre starke Wirkung entfalten.

18. GEBEN SIE UNBEWUSSTE BEFEHLE

Ein starkes Mittel stimmlicher Dominanz ist die Intonation. Intonation in der Kommunikation bezieht sich auf die Tonhöhenvariation in der Sprechstimme, die dazu dient, Bedeutungen zu unterstreichen, Emotionen auszudrücken und Fragen von Aussagen zu unterscheiden. Sie ist ein Schlüsselelement der gesprochenen Sprache, das hilft, die Absicht hinter den Worten zu vermitteln und die Verständlichkeit zu verbessern.

Konkret gibt es dabei drei grundlegende Varianten, die Sie für Ihre Zwecke kennen sollten. Sie können das, was Sie sagen, als Frage, als Aussage oder als Befehl betonen. Alle drei Varianten nutzen Sie im täglichen Sprachgebrauch ständig, ohne dass es Ihnen auffällt. Bei der Frage geht die Sprechmelodie am Ende (oder auch innerhalb eines Satzes) nach oben, bei der Aussage bleibt sie gleich und beim Befehl geht sie nach unten. Das bedeutet, Sie senken die Stimme am Ende ab.

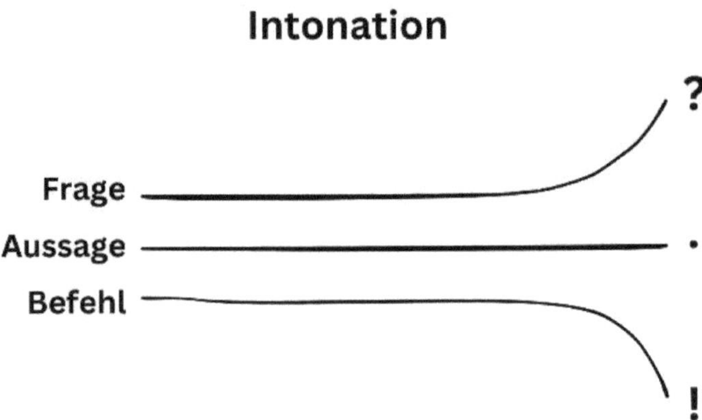

Auf diese Art können Sie dem Gesprächspartner auf eine unbewusste Art und Weise „Befehle" erteilen, aber so, dass es diesem nicht auffällt. Inhaltlich ist der Satz kein Befehl, doch vom Unterbewusstsein des Gesprächspartners wird er als solcher verstanden.

Ein Beispiel:

*„Wie weit können Sie mir da **entgegenkommen?** "*, ist grammatikalisch betrachtet eine Frage. Normalerweise würden wir daher am Ende dieses Satzes die Stimme anheben, wie wir es bei Fragen üblicherweise tun. Wenn Sie beim Sprechen die Tonhöhe des Wortes „entgegenkommen" allerdings absenken, statt anzuheben, wird daraus ein unbewusster Befehl.

Zugegeben, es braucht ein wenig Übung, diese Taktik in Gesprächen tatsächlich auch einzusetzen, aber sie ist lernbar. Dafür haben Sie ein sehr mächtiges, weil unbewusst wirkendes Instrument zur Verfügung.

19. UNTERBRECHEN SIE IHREN GESPRÄCHSPARTNER

Jemanden beim Sprechen zu unterbrechen ist unhöflich. Es gehört sich nicht. Man lässt die Menschen aussprechen. Doch dieses Buch ist kein Ratgeber in Sachen Höflichkeit, sondern in Sachen Durchsetzungsvermögen und Kontrolle in Gesprächen. Und um Ihre Macht in Gesprächen zu demonstrieren bzw. – wenn es vom anderen akzeptiert wird – zu erhöhen und die Kontrolle zu übernehmen, ist das Unterbrechen des Gesprächspartners ein durchaus wirksames Mittel. Wie wirksam es ist, hängt davon ab, wie der andere darauf reagiert. Nimmt er die Unterbrechung hin und lässt Sie weitersprechen, oder setzt er sich dagegen zur Wehr und konfrontiert Sie etwa mit Ihrer Unhöflichkeit?

Besser ist es oft, nicht mit einer Aussage zu unterbrechen, sondern mit einer Frage. Damit schlagen Sie zwei Fliegen mit einer Klappe: Sie demonstrieren Ihre Macht durch die Unterbrechung, geben dem Anderen aber gleichzeitig die Erlaubnis, weiterzusprechen, indem er Ihre Frage beantwortet.

20. VERMEIDEN SIE WEICHMACHER

Unsere Alltagssprache ist gespickt mit sogenannten Weichmachern. Jemand fragt uns: „Und wie geht es dir?", und erhält zur Antwort häufig so etwas wie „Ganz gut." oder auch „Gar nicht so schlecht." Beides sind sehr weiche Formulierungen. Schließlich könnten wir auch einfach sagen: „Danke, gut." oder vielleicht sogar „Super, sensationell, hervorragend ...". Doch Formulierungen dieser Art sind in unserem Sprachgebrauch nicht verbreitet. Ganz anders im Amerikanischen, wo man ein *„sensational, fabulous oder auch fantastic!"* sehr viel öfter hört.

Weitere Weichmacher sind zum Beispiel:

- eigentlich

- Konjunktive wie würde, könnte, sollte

- normalerweise

- vielleicht

- sozusagen

- Verneinungen – nicht schlecht, nicht so super

- Formulierungen mit ganz – ganz ok, ganz gut

- im Großen und Ganzen

- meistens

Wir tun das vollkommen unbewusst, um freundlicher zu wirken und beim Anderen bloß nicht anzuecken. Wir entkräften damit das, was wir sagen. Wir schwächen es ab und schwächen damit gleichzeitig unsere Position im Gespräch. Eine „ganz gute Lösung" ist eben keine „exzellente Lösung" und „eigentlich kostet das 1.500 €" bedeutet, dass da noch ein Spielraum für Nachlässe besteht.

Menschen mit viel Macht in Gesprächen können es sich leisten, deutlich direkter zu formulieren und weniger Weichmacher zu verwenden und tun das auch. Umgekehrt tut es etwas für Ihren Status und Ihre Machtposition, wenn Sie Ihre Worte direkter und „härter" formulieren.

Was meine ich damit? Ein paar Beispiele:

Weich / indirekt	Direkt
Ich würde mich freuen, wenn Sie mir XY geben.	Geben Sie mir XY.
Ich möchte AB haben.	Ich will AB haben.
Ich denke, dass mir das zusteht.	Das steht mir zu.
Wenn Sie mir A geben, dann gebe ich Ihnen B.	Geben Sie mir A und ich gebe Ihnen B.

Direkter können Sie formulieren, wenn Sie einen höheren Status haben. Gleichzeitig gilt: Direkte Formulierungen erhöhen Ihren Status. Wählen Sie Ihre Formulierungen mit Fingerspitzengefühl, so wie es die Situation erfordert.

21. VERWENDEN SIE KEINE UNTERWÜRFIGEN AUSDRÜCKE

In die ähnliche Kerbe schlägt die Taktik, allzu unterwürfige Ausdrücke durch andere, selbstbewusstere zu ersetzen. Wir verwenden bisweilen Floskeln – auch in Verkaufsgesprächen – mit denen wir uns sehr klein machen. Ein paar Beispiele dazu:

- *„Danke, dass Sie so kurzfristig Zeit für mich erübrigen konnten."*
  - Besser: *„Schön, dass das geklappt hat."*

- *„Ich darf Ihnen unser Angebot unterbreiten.“*
  - Besser: *„Wie besprochen, habe ich Ihr Angebot dabei.“*

- *„Es ist mir eine Ehre.“*
  - Besser: *„Ich freue mich.“*

- *„Es wäre sehr nett, wenn Sie ...“*
  - Besser: *„Machen Sie bitte ...“*

Das bedeutet nicht, dass Sie unfreundlich oder unhöflich sein sollten. Aber es gibt viel Spielraum zwischen unfreundlich und unterwürfig, und den gilt es zu nutzen.

Körpersprache

Die Körpersprache ist, gerade wenn es um Macht und Status in der Kommunikation mit anderen – geschäftlich wie privat – geht, ein Bereich, der viele Tipps und Taktiken bereithält. Ein paar der Wichtigsten finden Sie im Folgenden.

Dabei läuft das Meiste, was mit Körpersprache zu tun hat, hochgradig unbewusst ab. Sie entfaltet in den allermeisten Fällen ihre Wirkung, ohne dass wir es bemerken würden – weder an uns selbst noch bei anderen. Erst bei eingehender Analyse, wie ich das in Coaching-Situationen etwa mache, in denen ich Verkäufer auf Verhandlungen vorbereite, wird das aufgedeckt und für alle erkennbar.

Speziell bei allem rund um das Thema Körpersprache können Sie die Taktiken, die Sie hier lesen werden, auch ganz leicht selbst nachvollziehen. Probieren Sie diese einfach aus und achten Sie dabei auf Ihr Gefühl. Es macht einen für Sie spürbaren Unterschied, ob Sie auf die eine oder andere Art sitzen, ob Sie Kontakt zum Tisch haben oder nicht etc.. Selbst beim Test mit einem Übungspartner etwa stellen sich diese Gefühle deutlich ein. Das bedeutet, auch wenn Sie bei dem einen oder anderen Tipp hier skeptisch sein sollten, werden Sie seine Wirksamkeit im Eigenversuch erfahren.

22. DRÜCKEN SIE KRÄFTIG DIE HAND

Die meisten Kundengespräche starten mit einer Begrüßung mit Händedruck. Bei dieser relativ unscheinbaren Geste werden bereits erste Machtverhältnisse für das Gespräch abgesteckt. Achten Sie darauf, dass Sie einen kräftigen Händedruck haben, etwas kräftiger als der des Kunden (ohne diesem Schmerzen zuzufügen – auch das erlebe ich manchmal).

Ich merke es an meiner eigenen Reaktion, wenn mir jemand, den ich noch nicht kenne, die Hand gibt und sich das anfühlt, wie wenn er mir einen toten Fisch in die Hand legen würde, wie sich diese Empfindung auf meine Wahrnehmung der anderen Person auswirkt. Es entsteht sofort der Eindruck: schwach, wenig Selbstbewusstsein, untergeordnet. Ist das fair und unbedingt zutreffend? Natürlich nicht. Was nicht bedeutet, dass es nicht dennoch Wirkung hat. Denn die hat es! Und genau das geschieht beim Kunden, wenn Sie ihm Ihre Hand geben. Sie übersenden eine Botschaft, aufgrund derer er sich ein Bild von Ihnen macht.

Wenn Sie noch dominanter wirken wollen, was gerade in Ausgangssituationen Sinn ergeben kann, in denen Sie schlechte Karten haben, dann drehen Sie Ihre Hand dabei ein ganz klein wenig nach links (wenn Sie die rechte Hand geben) sodass Ihre Hand angedeutet über der Hand des anderen ist und so ein Zeichen in Sachen Über- und Unterordnung setzt. Man spricht auch davon, „die Oberhand zu behalten". Ein Sprichwort, in dem genau diese Taktik zum Ausdruck gebracht wird.

Wenn Ihr Gesprächspartner seinerseits einen sehr festen Händedruck hat und diese Taktik bewusst oder auch unbewusst einsetzt, können Sie zweierlei tun, um dem entgegenzuwirken: Sie können selbst noch fester zudrücken, was dann in einem echten Kräftemessen ausarten kann. Oder aber Sie sprechen ihn darauf an und nehmen ihm dadurch wieder etwas von der Dominanz, die er durch diese Geste gewinnt. Und das kann in etwa so klingen:

- *„Sie wissen schon, dass es eine schmerzvolle Erfahrung ist, Ihnen die Hand zu geben?"*

- Oder etwas sanfter bzw. humorvoller formuliert: *„Eines weiß ich, egal was bei unserem Gespräch heute herauskommt: An Ihren Händedruck werde ich mich noch sehr lange erinnern."*

Wenn Sie das vielleicht noch mit einem Lächeln und Augenzwinkern unterstreichen, nehmen Sie dieser Taktik den Wind aus den Segeln und gewinnen selbst an Stärke.

Manche Menschen nutzen beim Begrüßungsritual beide Hände. Die Linke, um ihr Gegenüber am Ellenbogen oder Oberarm anzufassen oder manchmal auch, um sie auf die Hand zu legen, die die rechte soeben drückt. Auch das ist ein Verhalten, das die Dominanz unterstreicht. Da es aber auch mehr Körperkontakt mit sich bringt, ist es auch eines, das Sie nur mit Vorsicht einsetzen sollten. Manche Menschen reagieren nahezu allergisch auf zu viel Nähe und Körperkontakt mit Menschen, denen sie nicht sehr nahestehen.

23. ERWIDERN SIE DEN BLICKKONTAKT

Wenn wir uns unterlegen fühlen, tendieren wir dazu, wegzuschauen. Blickkontakt zu halten und diesen auch länger auszuhalten als das Gegenüber, wenn es sein muss, ist eine stille, aber deutliche Demonstration der Stärke. Schon als Kinder haben wir uns um die Wette angestarrt, und wer zuerst weggeschaut oder geblinzelt hat, war der Verlierer. Bei Erwachsenen ist das im Prinzip nichts anderes, außer dass es bei diesem Spiel im Verkauf um Geld geht.

Wenn Sie Macht und Dominanz demonstrieren wollen, dann suchen Sie den Blickkontakt zu Ihrem Gesprächspartner und halten Sie ihn einen Tick länger, als Sie es normalerweise vielleicht tun würden. So lange und immer wieder einmal, bis der andere diesen Kontakt zuerst abbricht und wegschaut. Wer wegschaut, signalisiert damit, dass er sich dem Anderen unterwirft. Ich weiß, das klingt ein wenig kindisch, und das ist es vielleicht sogar. Das bedeutet aber nicht, dass es nicht wirksam ist. Im Grunde unseres Herzens sind wir in vielerlei Hinsicht auch als Erwachsene immer noch Kinder geblieben.

Doch Achtung: Seien Sie sehr vorsichtig, wenn Ihr Gegenüber vom anderen Geschlecht ist. In diesem Fall könnte Ihnen der überlange oder intensivere Blickkontakt anders ausgelegt werden und eine sexuelle Bedeutung bekommen.

Eine Variante des Blickkontaktes, mit dem Sie Ihren Status potenziell steigern, ist die folgende: Sie sprechen mit Ihrem Gegenüber, brechen den Blickkontakt dann kurz ab, um (nachdenklich) zur Seite zu schauen, um ihn dann gleich wieder aufzunehmen und zu halten. Durch das Wegschauen entziehen Sie Ihrem Gesprächspartner Ihre Aufmerksamkeit und setzen Ihn dadurch herab. Durch das folgende Anschauen geben Sie ihm wieder die Gunst Ihrer Zuwendung. Sie signalisieren damit, dass Sie es in der Hand haben, Zuwendung wegzunehmen und wiederzugeben.

24. SITZEN SIE SO WIE IHR GESPRÄCHSPARTNER

In den meisten Branchen, vor allem in denen, wo längere Verkaufsgespräche geführt werden, bei denen es um komplexere und teurere Produkte oder Leistungen geht, werden diese Gespräche die meiste Zeit über im Sitzen geführt. Das bedeutet, dass das Sitzen und alles, was damit zu tun hat, etwas ist, das Auswirkungen auf das Ergebnis hat.

Dabei wirkt das in zwei Richtungen:

- Wie und wo Sie sitzen, sendet eine Botschaft an Ihren Gesprächspartner, die dieser auf einem ihm nicht bewussten Kanal empfängt (umgekehrt gilt das natürlich genauso) und

- die genauen Umstände Ihres Sitzens wirken auf Sie selbst zurück und beeinflussen die Art, wie Sie sich in Sachen Status und Macht selbst wahrnehmen.

Über die Höhe des Stuhls und Ihren Einfluss auf die wahrgenommene Körpergröße haben wir bereits gesprochen.

Die Grundregel beim Sitzen in Verkaufsgesprächen lautet: Sitzen Sie so wie Ihr Gesprächspartner. Ist dieser entspannt zurückgelehnt, dann sind Sie es auch. Hat er die Unterarme auf dem Tisch abgelegt, dann tun Sie das ebenso.

Diese Vorgehensweise wird als Spiegeln bezeichnet und ist eine der wesentlichen Techniken aus dem NLP (Neurolinguistische Programmierung), um auf unbewusstem Weg eine Beziehung (auch Rapport genannt) herzustellen und diese zu verstärken.

25. GEHEN SIE VOM PACING ZUM LEADING ÜBER

Doch das Spiegeln – auch Pacing genannt – ist nur ein Teil dieses Spiels, das bei Menschen in allen Gesprächssituationen permanent und hochgradig unbewusst abläuft. In diesem Teil geht es darum, beim anderen anzudocken und ihn dort abzuholen, wo er sich emotional gerade befindet. Der zweite Teil ist das Führen – Leading genannt –, bei dem Sie dann die Führung übernehmen.

Das machen Sie mittels eines sogenannten Rapporttests. Wenn Sie und Ihr Kunde etwa beide nach hinten gelehnt sitzen, lehnen Sie sich nach vorne. Wenn Ihnen Ihr Gesprächspartner folgt, dann ist der Rapport stark genug und Sie können führen. Jetzt sind Sie in einer Situation, in der Sie mehr Kontrolle über den Fortgang des Gespräches erlangt haben. Folgt der Kunde nicht, dann fahren Sie mit dem Spiegeln fort und testen Sie den Rapport ein wenig später nochmals durch eine Veränderung Ihrer Sitzhaltung.

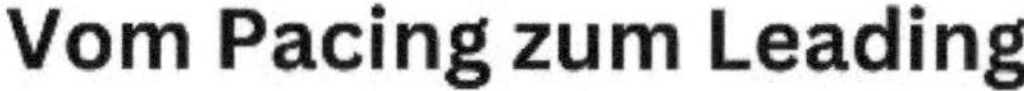

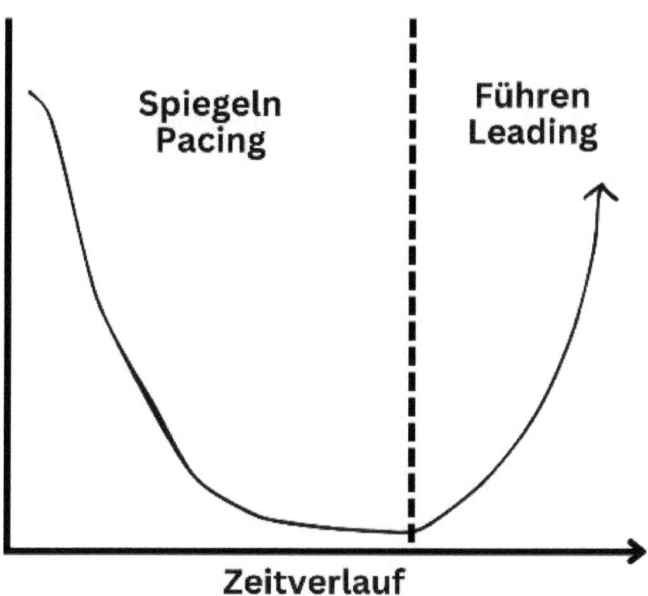

26. NEHMEN SIE IHREN PLATZ WIRKLICH EIN

Wenn Sie sitzen, achten Sie darauf, dass Sie die komplette Fläche des Stuhls zum Sitzen nutzen. Immer wieder sehe ich Verkäufer, auch in schwierigen Verhandlungssituationen, die nur das vorderste Drittel ihres Stuhls in Anspruch nehmen. Das ist eine unsichere und auch unsicher wirkende Sitzposition. Es scheint ein wenig so, als ob Sie gerade dabei wären, aufzustehen. Es könnte bei Ihnen und bei Ihrem Gesprächspartner der Eindruck entstehen, dass Sie unbewusst dieser Situation lieber entfliehen würden. In jedem Fall keine Sitzposition, die Macht demonstriert oder etabliert.

Auch beide Füße sollten beim Sitzen idealerweise vollflächig den Boden berühren. Das erdet Sie und verleiht Ihnen Stabilität.

27. NEHMEN SIE DIE RICHTIGE SITZPOSITION EIN

Wie Sie sitzen, bringt noch weitere Aspekte mit sich, was Ihre Wirkung auf Ihren Gesprächspartner angeht. Dabei gibt es zwei grundlegende Extrem-Positionen:

- **Position 1**: vorne, nah am Tisch sitzend, etwas nach vorne geneigt und mit den Unterarmen bzw. Ellbogen auf dem Tisch aufgestützt oder

- **Position 2**: entspannt nach hinten gelehnt und vielleicht noch die Arme vor dem Körper verschränkt

Wer kann es sich eher leisten, Position 2 einzunehmen, der mit mehr oder weniger Macht? Ganz klar, der mit einem höheren Status und mehr Macht. Stellen Sie sich vor, der Kunde würde in Position 1 (vorne) sitzen und Sie in Position 2 (hinten). Sähe seltsam aus und würde sich auch seltsam anfühlen, oder?

Und umgekehrt? Kunde in Position 2 (hinten) und Sie vorne in Position 1? Geht aus meiner Sicht schon eher und ist auch häufig zu beobachten. Das hat damit zu tun, dass der Kunde in vielen Gesprächssituationen mehr Ausgangsmacht hat und diese so – meist völlig unbewusst – zum Ausdruck bringt.

Er sagt damit: *„Jetzt zeigen Sie mal, was Sie so zu bieten haben.“* Er muss nicht und hat keinen Druck. Er kann ganz entspannt warten und Sie präsentieren lassen. Es liegt an Ihnen, ihn zu überzeugen und aus der (Sitz-) Reserve zu locken. Sie wollen schließlich etwas von ihm und nicht umgekehrt – signalisiert zumindest diese Position. In dieser Konstellation sind Sie kleiner, schwächer, machtloser.

Lehnen Sie sich ebenso nach hinten und spiegeln Sie den Kunden und Sie werden feststellen, dass Sie sofort an Stärke gewinnen werden.

28. HALTEN SIE KONTAKT ZUM TISCH

Meistens wird bei Verkaufsgesprächen an Tischen gesessen. Dabei kann es auch eine Rolle spielen, welchen Abstand Sie zum Tisch haben und ob Kontakt zu diesem besteht. Stellen Sie sich folgende Sitzpositionen vor: Sowohl der Kunde als auch der Verkäufer sind nach hinten gelehnt. Der Kunde, leicht schräg zum Tisch sitzend, hat einen Unterarm auf den Tisch gelehnt. Der Verkäufer, ebenso mit leicht schräger Sitzposition, sitzt allerdings 10 Zentimeter weiter weg vom Tisch als der Kunde und hat beide Unterarme auf den Oberschenkeln abgelegt oder vielleicht sogar im Schoß gefaltet.

Wer ist stärker und mächtiger? Schon die Beschreibung hier sollte für ein klares „der Kunde" reichen. Wenn nicht, probieren Sie es gleich einmal aus (was ich Ihnen ohnehin bei all den körpersprachlichen Taktiken und Strategien empfehle).

Wenn Sie mit Ihrem Gesprächspartner mehr auf Augenhöhe verhandeln wollen, dann halten Sie Kontakt zum Tisch und sitzen Sie nicht zu weit entfernt davon. 10 Zentimeter können dabei einen riesigen Unterschied machen.

29. VERMEIDEN SIE KÖRPERSPRACHE, DIE SIE HERABSETZT

Es gibt Gesten und körpersprachliche Verhaltensweisen, die Ihren eigenen Status herabsetzen. Diese sollten Sie klarerweise in allen Gesprächsphasen vermeiden. Insbesondere sind das folgende:

- **Berührungen im Gesicht und am Kopf**
  Gerade wenn wir in Gesprächen in heikle Situationen geraten, neigen wir dazu, uns im Gesicht oder am Kopf zu berühren. Wir ziehen uns am Ohr, kratzen uns an der Wange oder Nase oder spielen mit unserem Kinn oder unserer Lippe. Gerade wenn wir

nervös werden, dringt diese Nervosität häufig durch solche Verhaltensweisen nach außen.

- **Den Kopf schräg halten**
  Wenn Sie den Kopf schräg halten, wirken Sie weniger „gefährlich" bzw. „bedrohlich" (was im Gegenzug nicht bedeutet, dass Sie mit geradem Kopf gefährlich wirken) sondern netter und harmloser. Der schräge Kopf kann auch noch andere Bedeutungen haben. Halten Sie ihn daher am besten einfach gerade, wenn Sie Ihren Status nicht verringern wollen.

- **Mit dem Kopf wackeln**
  Wenn Sie Nein oder Ja sagen und das mit jeweils einem Kopfwackeln unterstreichen, ist das in Ordnung. Ansonsten wirkt sich das Kopfwackeln (seitlich, von links nach rechts) negativ auf Ihren Status aus.

- **Nach vorne gebeugte Haltung und hängende Schultern**
  Durch eine nach vorne gebeugte Haltung mit hängenden Schultern machen Sie sich physisch kleiner und wirken weniger selbstbewusst und schwächer.

- **Hektische Bewegungen**
  Auch hektische und fahrige Bewegungen sind meist ein Ausdruck innerer Anspannung und Nervosität. Im Außen gezeigt schwächen Sie Ihre Wirkung und damit Ihre Macht im Gespräch.

Es kann durchaus sein, dass Sie die eine oder andere dieser Verhaltensweisen häufig zeigen, ohne dass es Ihnen auffällt. Achten Sie besonders darauf oder bitten Sie auch andere, Partner oder Kollegen um diesbezügliches Feedback.

Macht und Kontrolle im Gesprächsablauf gewinnen und behalten

Nachdem wir nun die allgemeineren Taktiken, die Sie in allen möglichen Situationen und Gesprächsphasen nutzen können, besprochen haben, wenden wir uns im folgenden, umfangreichen Teil des Buches den einzelnen Phasen Ihrer Verkaufsprozesse bzw. der Verkaufsgespräche zu, die Sie führen. In jeder dieser Phasen gibt es spezifische Herausforderungen in Sachen Macht und Gesprächskontrolle. Viele davon werden Ihnen in Ihren Gesprächen schon einmal oder auch schon sehr oft begegnet sein.

Was zum Beispiel bedeutet es, wenn Ihr Kunde während des Gespräches ein Telefonat annimmt und mit größter Selbstverständlichkeit länger mit dem Anrufer spricht? Wie wirkt sich so etwas auf das Machtgefüge und die Kontrolle im Gespräch aus? Und vor allem: Was konkret können Sie in so einer Situation unternehmen?

Sie erhalten im Folgenden für alle diese speziellen Herausforderungen Ideen für Vorgehensweisen und konkrete Taktiken, die Ihnen helfen, trotz dieser manchmal schwierigen Herausforderungen, die Kontrolle im Gespräch zu behalten. Diese Herausforderungen können aber auch eine Chance darstellen, Kontrolle über den Gesprächsverlauf zu gewinnen oder Ihre Macht zu verstärken.

Dabei spreche ich ganz bewusst vom Verkaufsprozess und nicht nur vom Verkaufsgespräch, das nur ein Teil des Prozesses ist. Die Weichen in Sachen Gesprächskontrolle und Machtgefüge werden nicht erst im Gespräch gestellt, sondern bereits davor. Und genau dort beginnen wir jetzt: vor dem Gespräch.

Vor dem Gespräch

Die folgenden Taktiken sind besonders vor Gesprächsterminen einsetzbar. Vorher bezieht sich hier typischerweise auf einen Zeitraum von 30 Minuten bis hin zu ein paar Tagen.

30. SORGEN SIE FÜR EINEN TOP-STATE

Die entscheidende Basis für den Verlauf eines Gespräches ist – wie bereits erwähnt – das, was sich zwischen Ihren Ohren abspielt. Je besser Ihr mentaler Zustand ist, desto leichter wird es Ihnen fallen, die Machtverhältnisse im Gespräch zu Ihren Gunsten zu beeinflussen.

Sorgen Sie daher dafür, dass Sie

- eine positive Haltung zum Gesprächspartner haben,

- optimistisch sind, was den Ausgang des Gespräches betrifft,

- die Nacht davor gut und lange genug geschlafen haben und

- unmittelbar vor dem Gespräch – vor allem wenn es wichtige und vielleicht längere Verhandlungen sein sollten –, auf der Toilette waren (das kann sonst dazu führen, dass Sie keinen wirklich klaren Gedanken mehr fassen können).

31. PLANEN SIE DEN GESPRÄCHSVERLAUF

Die meisten Verkäufer – behaupte ich zumindest – widmen dem Gesprächsverlauf zu wenig Aufmerksamkeit – und wundern sich dann, wenn dieser bzw. auch das daraus folgende Ergebnis nicht Ihren Vorstellungen entspricht. Der Verlauf eines Gespräches sollte keineswegs dem Zufall überlassen werden. Dieser Zufall ist vor allem kein Zufall, sondern – wenn Sie es mit Profis auf der Kundenseite zu tun haben –, der Verlauf, den Ihr Gegenüber geplant hat. Das bedeutet: Wenn Sie keinen Plan haben, dann wird eben der des Kunden ausgeführt.

Viele Gespräche können vorab sehr gut geplant werden. Überlegen Sie sich:

- Was Sie wann sagen oder zeigen wollen, und was auf keinen Fall

- Wer was sagen soll, wenn Sie ein Gespräch mit mehreren Personen führen

- Mit welchen Unterlagen Sie Ihre Aussagen stützen können

- Welche Einwände kommen können und wie Sie damit umgehen (dazu gleich noch mehr)

- Wann Sie mit welchen Präsentationsmedien arbeiten (gesprochenes Wort, PowerPoint, eine Zeichnung auf einem Flipchart oder Block, ein Muster, ein Video – die Möglichkeiten sind vielfältig)

- Was Ihr Ziel ist (auch dazu kommen wir noch zu sprechen)

Gerade auch Erstgesprächsverläufe sind sehr gut planbar. Ich habe sicher mehrere Hundert Erstgespräche bzw. Pitches nach ein und demselben Muster durchgeführt, und das alles in allem durchaus erfolgreich. Einige meiner Kunden habe ich dabei unterstützt, verkaufspsychologisch optimierte Gesprächskonzepte zu erstellen und erfolgreich umzusetzen. Das bedeutet, dass es sich bezahlt macht, hier einige Zeit und Mühe zu investieren.

32. BEREITEN SIE SICH PROFESSIONELL VOR

Auf die Gefahr hin, dass es beinahe banal klingt: Bereiten Sie sich auf Ihre Verkaufsgespräche gewissenhaft und professionell vor. Wenn Sie vorbereitet sind, erhöhen Sie die Chancen, die Zügel im Gespräch in die

Hand zu bekommen und auch dort zu behalten, nicht nur ein wenig, sondern um ein Vielfaches. Nicht umsonst heißt es:

Vorbereitung ist 90 % des Erfolges.

Die Frage, die sich in diesem Zusammenhang stellt, ist: Was konkret sollen Sie vorbereiten? Oder genauer gefragt: Was konkret sollen Sie vorbereiten, mit dem Ziel, die Kontrolle im Gespräch zu bekommen, zu behalten und auf Augenhöhe zu sprechen.

Das ist vor allem dann von großer Bedeutung, wenn Ihr Gegenüber von Beginn an die besseren Karten hat. Die umfassende Antwort auf diese Frage lautet: Lesen Sie dieses Buch, üben Sie die Taktiken, um dann im Gespräch möglichst viele davon an der richtigen Stelle effektiv einsetzen zu können. Und die Antwort ist nicht falsch, nur vielleicht ein wenig zu umfassend.

Daher möchte ich Ihnen einen ganz speziellen Punkt mitgeben, der Ihre Vorbereitung betrifft. Erfahrungsgemäß sind es die kritischen Fragen und Einwände, die uns in einem Gespräch aus dem Konzept bringen oder sogar völlig aus der Bahn werfen und dazu führen können, dass wir die Kontrolle – sofern wir diese hatten – komplett verlieren.

Überlegen Sie sich daher, welche kritischen Punkte, Themen, Fragen und Einwände Ihr Gesprächspartner vorbringen oder Ihnen sogar vorwerfen könnte und notieren Sie diese. Legen Sie sich dann für jeden einzelnen dieser Punkte eine passende Reaktion bzw. Antwort zurecht (die allerdings auch aus einer Frage bestehen kann).

Nachdem das eine hervorragende Basis darstellt, aber erfahrungsgemäß noch nicht reicht, um die passenden Reaktionen im Ernstfall dann auch entspannt aus dem Ärmel zu schütteln, sollten Sie diese auch üben. Das können Sie allein vor dem Spiegel (nehmen Sie sich dabei auf und hören

Sie sich die Aufnahme an) oder auch mit einem Sparringpartner tun. Wie auch immer sorgen Sie dafür, dass Sie diese Reaktionsweisen verinnerlichen und so halbwegs automatisiert reproduzieren können, wenn Sie diese benötigen.

Speziell dafür habe ich das Buch „Verkaufen ohne Aber – Erfolgreiche Einwandbehandlung im Vertrieb" geschrieben. Darin finden Sie eine Menge – teils auch unkonventioneller – wirksamer und praxiserprobter Reaktionen im Umgang mit Kundeneinwänden. Den Link dazu finden Sie auf der Ressourcenseite.

Für besonders wichtige Gesprächssituationen, die vielleicht auch komplexer sind, bei denen mehrere Gesprächspartner (auf beiden Seiten) involviert sind und bei denen es um höhere Investitionen geht, ist es durchaus ratsam, diese Vorbereitung auszudehnen. Üben Sie die Szenarien in verteilten Rollen durch. Ich selbst unterstütze Vertriebsteams und Key-Account-Manager immer wieder dabei, sich derart auf Jahresgespräche oder Vertragsverhandlungen mit Großkunden vorzubereiten. Dieser Einsatz von Zeit macht sich meist beim nächsten Gespräch bereits bezahlt.

33. DEFINIEREN SIE KONKRETE GESPRÄCHSZIELE

Wenn Sie genau wissen, wo Sie hinwollen, erhöhen Sie die Wahrscheinlichkeit, dass Sie dorthin kommen, deutlich. Doch nicht nur das. Diese Klarheit, die Sie in sich haben, wenn Sie genau wissen, was Sie wollen, wirkt sich auch auf Ihren wahrgenommenen Status aus. Der steigt mit zunehmender Klarheit.

Definieren Sie daher Ihr konkretes Gesprächsziel oder auch mehrere Ziele. Es kann dabei auch Sinn ergeben, ein Optimal- und ein Minimalziel festzulegen. Schreiben Sie dieses in Ihre Unterlagen (nicht unbedingt für Ihr Gegenüber sichtbar – außer das ist Teil Ihrer Taktik) und schauen Sie es sich direkt vor dem Gespräch nochmals an, um Ihren Fokus darauf zu erhöhen. Das ist eine Taktik, für die Sie weniger als eine Minute benötigen und die aus eigener Erfahrung sehr wirkungsvoll ist, wenn es darum geht, die Zügel im Gespräch in der Hand zu halten.

Wenn Sie noch etwas mehr für die Erreichung Ihres Gesprächsziels tun wollen, dann visualisieren Sie das Ende Ihres Gespräches, bei dem Sie Ihr Ziel erreichen.

34. BEREITEN SIE ZAHLEN, DATEN, FAKTEN VOR

Alles, was Sie im Vorfeld unternehmen können, um Ihr Selbstvertrauen und Ihre Selbstsicherheit zu stärken, ist gut. Je selbstsicherer Sie sind, desto leichter fällt es Ihnen, die Kontrolle im Gespräch zu bekommen und zu behalten. Etwas, das sehr stark zu mehr Selbstsicherheit beiträgt, ist es, die Zahlen, Daten und Fakten im Zusammenhang mit dem Gespräch gut zu analysieren und aufzubereiten und im Bedarfsfall zur Hand zu haben.

Damit stellen Sie sicher, dass Ihnen Ihr Gesprächspartner nicht seinerseits mit Zahlen ein X für ein U vormachen kann. Wenn Sie für alle wichtigen Punkte Daten haben, die Sie vielleicht sogar in Form von Grafiken oder Tabellen aus dem Hut zaubern können, verleiht Ihnen das eine Menge Kontrolle im Gespräch.

35. LASSEN SIE DIE INTERESSENTEN SICH BEWERBEN

Diese Strategie ist nicht für alle Verkaufssituationen und Branchen einsetzbar. Wenn Sie sie allerdings einsetzen können, etablieren Sie damit von Beginn an eine starke Machtposition.

Lassen Sie Ihre Interessenten (zu Kunden werden Sie ja erst noch) vor dem Gespräch, zu Beginn des Verkaufsprozesses, einen „Bewerbungs-bogen" ausfüllen. Damit muss sich der Interessent qualifizieren, um überhaupt die Chance für ein persönliches Gespräch mit dem Verkäufer oder ein Angebot zu bekommen.

„Warum sollten Interessenten so etwas tun?", werden sich manche Leser, die diese Vorgehensweise möglicherweise nicht aus der eigenen Branche kennen, zurecht fragen. In der Coaching- und Beratungsbranche etwa ist diese Vorgehensweise durchaus verbreitet. Sie kann nur dann funktionieren, wenn Sie ein Angebot für die Zielgruppe haben, für das die potenziellen Kunden die Mühe der Bewerbung auf sich nehmen.

Wenn Sie ein Angebot haben – egal ob Produkt oder Dienstleistung –, das begehrt und knapp genug ist (bzw. Sie knapp machen), dann erhöht diese Vorgehensweise Ihre Dominanz und Gesprächsmacht deutlich.

Bei physischen Produkten wird dabei meist der (nicht unähnliche) Weg der Vorbestellung gegangen. Dabei weiß der Kunde, dass er – wenn er schnell genug ist – bei den ersten oder auch den wenigen Auserwählten sein könnte, die das Produkt kaufen dürfen, sobald es auf den Markt kommt.

Bei Dienstleistungen, häufiger wie gesagt in der Beratung und im Coaching, werden die Interessenten auf eine Bewerberseite gelotst. Dort werden sie gebeten, ein paar Qualifizierungsfragen schriftlich zu beantworten. Diese dienen einerseits dazu, dass tatsächlich überprüft wird, ob die angebotene Dienstleistung für den Interessenten passen kann und ein weiterführendes Gespräch Sinn ergibt (zumindest bei seriösen Anbietern ist das so). Dabei geht es nicht darum, dass der Interessent wirklich viel Arbeit investieren müsste. Meist sind es nur ein paar wenige Daten, die auszufüllen sind. Aber auch, wenn es nur wenig Aufwand ist, ordnet sich der „Bewerber" so dem Anbieter unter. Das Machtverhältnis verschiebt sich zugunsten des Anbieters.

Wenn es Ihr Angebot bzw. Ihr Geschäftsmodell zulässt, ist diese Vorgehensweise durchaus eine, über die Sie nachdenken bzw. die Sie auch anwenden können, um von Beginn an – bereits vor einem ersten persönlichen Kontakt –, die Führung im Prozess und Gespräch zu erlangen. So kann es Ihnen gelingen, eine Situation, in der üblicherweise der Kunde zu Beginn die besseren Karten hat, in eine zu verwandeln, in der Sie als Verkäufer die Zügel in der Hand haben.

36. REISEN SIE RECHTZEITIG AN

Dieser Tipp klingt fast ein wenig banal, doch er ist deshalb nicht minder wichtig. Vermutlich haben Sie es auch schon erlebt, dass Sie die Anreisezeit falsch eingeschätzt haben oder von einem Stau oder einer Verspätung des Flugzeugs überrascht wurden und es gerade so auf den letzten Drücker geschafft haben (gehetzt und außer Atem) oder gar zu spät gekommen sind. Das ist unprofessionell und peinlich und stärkt die Position Ihres Gesprächspartners.

Netterweise sagt er vermutlich zwar, dass das gar nicht schlimm sei und es ihm nichts ausgemacht hätte zu warten und verzeiht Ihnen großzügigerweise. Praktisch betrachtet stehen Sie aber in seiner Schuld und er hat dadurch seine Ausgangssituation ein wenig verbessert.

Das ist allerdings nicht so in Situationen, in denen ein Gesprächspartner den anderen ganz bewusst warten lässt, wie es Simone in unserer Geschichte zu Beginn passiert ist. Wie Sie damit am besten umgehen, um möglichst keine Macht einzubüßen, besprechen wir später noch.

Die
Terminvereinbarung

Auch bei etwas scheinbar so Banalem und Harmlosem wie einer Terminvereinbarung, können die Weichen in Richtung mehr oder weniger Gesprächsmacht gestellt werden.

37. MACHEN SIE SICH RAR

Wichtige, mächtige und reiche Menschen haben eines gemeinsam: Es ist sehr schwierig, einen Termin mit ihnen zu vereinbaren. Mal schnell beim Geschäftsführer der Deutschen Bahn oder bei der Frau Ministerin anzurufen, um einen Termin (wofür auch immer) zu vereinbaren, wird in den seltensten Fällen funktionieren. Beim Nachbarn sind die Chancen hingegen sehr gut, selbst wenn man einfach so vorbeischaut – aber der ist (in den meisten Fällen) auch weder mächtig noch reich.

Und weil das so ist, entfaltet es auch umgekehrt eine Wirkung. Das bedeutet: Wenn Sie sich rar machen, keine Zeit haben und ein Kundentermin in Ihrem ansonsten dicht gedrängten Terminkalender gerade noch unterzubringen ist, senden Sie damit die Botschaft: Ich bin wichtig und gefragt, und verstärken dadurch Ihren Status und bekommen so mehr Macht zugesprochen.

Wenn Ihr Terminkalender gähnend leer sein sollte, weil niemand Sie sehen will, dann sollten Sie das definitiv nicht offen kommunizieren. Oft höre ich Aussagen von Verkäufern wie: *„Suchen Sie es sich aus. Ich habe immer Zeit für Sie!"* Das ist zwar nett gemeint, aber kontraproduktiv, was das Kräfteverhältnis und die Machtverteilung angeht.

38. NUTZEN SIE DEN TERMINTRICHTER

Wenn es um eine Terminvereinbarung geht, dann gehen Verkäufer häufig so vor, dass Sie einen Vorschlag machen: *„Dienstag um 14 Uhr kann ich Ihnen anbieten."* Der Kunde kann aber zur vorgeschlagenen Zeit nicht und antwortet: *„Nein, das geht nicht."* Der Verkäufer macht dann einen weiteren Vorschlag, nur um wieder ein Nein zu kassieren. Das kann ein paarmal so hin und her gehen und es sammeln sich immer mehr Neins an, was für das Gespräch nicht förderlich ist.

Oder der Kunde macht einen Vorschlag und übernimmt so die Führung. Oder aber der Kunde sagt irgendwann entnervt durch einige erfolglose Anläufe nach dem dritten Versuch: *„Wissen Sie was? Ich schau mir das noch an und melde mich bei Ihnen dann wegen eines Termins."* Damit hat er die Macht, sich bei Ihnen zu melden, sofern es ihm beliebt, und Sie können nur warten und hoffen, dass er das tut.

Das geht deutlich besser mit dem Termintrichter. Diese Taktik funktioniert folgendermaßen: Übernehmen Sie als Verkäufer die Initiative, was die Terminvereinbarung geht, ohne aber einen konkreten Termin vorzuschlagen. Auch ein „Wann passt es Ihnen?" gibt dem Kunden mehr Macht als nötig. Der Termintrichter ist ein Mittelweg, bei dem Sie die Führung behalten, aber Neins vermeiden und sicher zum Termin gelangen.

Stellen Sie Alternativfragen, die zeitlich weit gesetzt sind (beim Trichter ist die Öffnung oben weit beginnend). *„Passt es Ihnen besser diesen oder nächsten Monat?"* Wählen Sie den Zeitraum so, dass ein „weder noch" als Antwort unwahrscheinlich ist. Der Kunde antwortet: *„Nächsten Monat wäre mir lieber."* Sie als Verkäufer fragen daraufhin: *„Erste oder zweite Monatshälfte?"* – Sie sehen, wie diese Taktik funktioniert und wo sie hinführt. Bei jeder Runde stecken Sie den Zeitraum etwas enger und stellen immer 2 (in Ausnahmefällen maximal 3) Möglichkeiten zur Auswahl, bis Sie irgendwann bei *„um 9 oder um 11 Uhr kann ich Ihnen anbieten"* landen. Das muss sich nicht über 5 Runden hinziehen. In der Praxis kommen Sie mit 2 - 3 gut aus. Der Vorteil ist, dass Sie die ganze Zeit über die Kontrolle behalten und durch die geschickte Art, Alternativfragen zu stellen, der Kunde letztlich einem Termin zustimmt.

39. LASSEN SIE DEN KUNDEN KOMMEN

Die nächste Frage im Machtspiel rund um Terminvereinbarungen ist: Wer kommt zu wem? Der, bei dem das Meeting oder Verkaufsgespräch stattfindet, hat eine gewisse Hausmacht. Wenn es nur darum ginge, Ihre Machtposition zu stärken, wäre es besser, wenn der Kunde zu Ihnen kommt. Andererseits gibt es auch Gründe, aus denen es durchaus Sinn ergibt, dass Sie zum Kunden kommen.

Dasselbe gilt auch – wenngleich in abgeschwächter Form – für Online-Meetings auf Plattformen wie Zoom oder Teams. Auch da hat der, der den Meeting Raum zur Verfügung stellt, mehr Macht. Diese äußert sich gleich zu Beginn darin, dass die anderen warten müssen, bis sie von Ihnen hereingelassen werden – und das kann auch mal einen Moment länger dauern. Daher sollten Sie auch online Ihren Meetingraum nutzen, statt den des Kunden. Nachteile haben Sie dadurch keine.

40. WÄHLEN SIE EINEN MACHTVOLLEN ORT

Doch nicht nur, ob der Kunde zu Ihnen kommt oder Sie zum Kunden, ist ein Faktor bei der Verteilung der Macht im Gespräch, sondern auch, wo das Gespräch stattfindet. Das „Wo" kann bedeuten:

- In Ihrem Büro

- In einem Meeting-Raum

- In einem Lokal oder Restaurant

Was dabei eine Rolle spielen kann, ist die Ausstattung des Raumes. Ein großes Vorstandsbüro in der obersten Etage eines modernen Wolkenkratzers und entsprechender Aussicht bringt eine andere Aussage in Sachen Macht als ein schlichter Besprechungsraum im ersten Stock eines Zweckbaus im Gewerbegebiet.

Sollten Sie ein wenig mehr Macht demonstrieren wollen, ihre Räumlichkeiten das aber nicht hergeben, können Sie – für wichtige Gespräche – auch nach extern ausweichen und einen entsprechenden Meeting-Raum zubuchen oder die Besprechung in ein Restaurant verlagern, das nicht nur Top-Essen und Service, sondern auch Top-Preise hat. Wenn Sie es sind, der die umfangreichere Rechnung dann begleicht, ist auch das etwas, das Ihre Position verstärken kann. Nicht umsonst heißt es im Volksmund:

Wer zahlt schafft an.

Auch in diesem Punkt lautet die Botschaft nicht: „Mehr Prunk und Luxus sind besser". Sie müssen sich einfach nur dessen bewusst sein, dass auch die Wahl des Ortes und alles, was sich dort befindet oder nicht befindet, einen Einfluss auf die Ausgangssituation in Sachen Machtverteilung haben können.

41. LASSEN SIE DEN KUNDEN ONLINE ANSUCHEN

Wenn Sie ein digitales Terminbuchungstool haben, dann schicken Sie dem Kunden einen Link dazu und lassen Sie ihn unter den von Ihnen bereits vorab zur Verfügung gestellten Terminen einen aussuchen und eine Buchungsanfrage schicken. Dadurch, dass Sie dem Gesprächspartner auf diese Weise Ihren Prozess aufzwingen, verstärken Sie Ihre Position bereits im Vorfeld.

42. SCHICKEN SIE EINE TERMINBESTÄTIGUNG

Terminbestätigungen erhöhen die Wahrscheinlichkeit, dass Ihr Gesprächspartner sich den Termin auch richtig in seinen Kalender einträgt. Darüber hinaus haben Sie aber noch eine zweite Funktion. Sie sind ein Instrument, um Ihre Kontrolle zu untermauern. Sie haben einen Termin – zum Beispiel telefonisch – vereinbart und bestätigen diesen nochmals per Post oder E-Mail. Lassen Sie sich diese administrativen Kleinigkeiten nicht vom Kunden aus der Hand nehmen.

43. SETZEN SIE IHRE SEKRETÄRIN EIN

Bevor Sie diesen Punkt überspringen und weiterlesen, weil Sie keine Sekretärin bzw. keinen Assistenten haben – Sie brauchen nicht unbedingt eine, um diese Taktik einzusetzen. Was meine ich damit?

Sekretäre und Assistenten sind Mitarbeiter, die typischerweise nur Menschen haben, die in der Hierarchie höher stehen. Das bedeutet aber im Umkehrschluss auch, dass das Vorhandensein einer solchen Mitarbeiterin oder eines solchen Mitarbeiters auf einen höheren Rang bzw. Status hinweist und Ihren Status in den Augen des Kunden potenziell erhöht.

Lassen Sie daher die Terminbestätigung zum Beispiel von der Abteilungsassistentin verschicken, die Sie als Besucher ankündigt. Dazu müssen Sie nicht einmal schwindeln, geschweige denn lügen. Sie brauchen nicht zu behaupten, Sie hätten eine Sekretärin, wenn Sie keine haben. Es reicht, wenn diese „Mitarbeiterin" die Mail oder den Brief verschickt. Den Rest schlussfolgert der Empfänger dann selbst daraus.

Gerade bei schriftlichen Terminbestätigungen ist das ganz einfach und unkompliziert machbar. Etwas komplexer einzusetzen wäre die (nicht vorhandene) Sekretärin auch

- bei Terminvereinbarungen / bei der Terminakquise – ggfs. in Zusammenarbeit mit einem Call-Center oder Sie arbeiten mit einem Kollegen oder einer Kollegin zusammen und schlüpfen abwechselnd in die Mitarbeiterrolle

- beim Kundenempfang – wenn der Kunde zu Ihnen kommt, lassen Sie diesen abholen, statt ihn persönlich zu holen

- beim Kaffee- und Wasserholen

- bei inszenierten Unterbrechungen – nach dem Motto „*Herr XY (Ihr Name), ich möchte Sie nur an den Termin in 15 Minuten erinnern.*"

Wenn Sie das Sekretärinnenspiel spielen, seien Sie vorsichtig und verstricken Sie sich dabei nicht in Situationen, aus denen Sie ohne Gesichtsverlust und Peinlichkeiten nicht mehr herauskommen.

44. GEBEN SIE DEM KUNDEN ETWAS VORZUBEREITEN

Im Rahmen der Terminvereinbarung können Sie den Kunden auch ersuchen, etwas vorzubereiten. Eine Kleinigkeit, ein paar Zahlen, vielleicht sogar – je nach Produkt oder Dienstleistung – einen Vorbereitungsbogen, den der Kunde ausfüllen und Ihnen vielleicht zuschicken soll.

Was es ist, ist nicht so entscheidend (es sollte natürlich etwas Sinnvolles sein) als die Tatsache, dass Sie die „Anweisung" dafür geben. Natürlich werden Sie es im Normalfall nicht als Befehl, sondern vielmehr als Bitte formulieren, allerdings als eine, an deren Erfüllung Sie nicht zweifeln. In der Art wie: „*Und darf ich Sie noch bitten für unser Meeting die Zahlen der letzten 12 Monate vorzubereiten!*" – als Befehl intoniert (von der Macht der Intonation haben wir bereits gesprochen).

Wenn der Kunde tut, was Sie ihm aufgetragen haben, stärken Sie damit Ihre Machtposition für das Gespräch bzw. den weiteren Verlauf.

45. NEHMEN SIE EINWÄNDE VORWEG

Dass Kunden in Verkaufsgesprächen Einwände haben, ist normal. Sorgen müssten Sie sich eher machen, wenn Ihre Kunden niemals Einwände äußern. Das könnte nämlich bedeuten, dass diese an Ihrem

Angebot nicht einmal interessiert genug sind, um einen Einwand zu äußern.

Meistens gehen Verkäufer mit Einwänden so um, dass sie hoffen, dass diese nicht geäußert werden. Sollten Sie doch kommen, dann geht man üblicherweise in die Verteidigungsposition, in der vom Verkäufer Gegenargumente oder noch schlimmer, Rechtfertigungen vorgebracht werden. Rechtfertigungen und Verteidigungen, sogar Richtigstellungen, reduzieren Ihren Status und bringen Sie in eine schwache Position, in der Sie die Kontrolle über das Gespräch abgeben.

Ein deutlich proaktiverer Umgang mit möglichen Einwänden umzugehen ist jener der Einwandvorwegnahme. Statt darauf zu warten, dass der Kunde vielleicht einen Einwand bringt, können Sie ihn selbst anbringen. Und das ist etwas, das Ihre Macht und Kontrolle im Gespräch deutlich erhöht.

Erstens zeigen Sie damit, dass Sie den Mut und das Rückgrat haben, auch heikle Themen anzusprechen. Zweitens bestimmen Sie, wann der Einwand kommt, und nicht der Kunde, wodurch Sie auch in dieser Gesprächssituation die Zügel in der Hand behalten. Und drittens sind Sie natürlich bestens darauf vorbereitet, Ihre Einwände entsprechend zu behandeln, zu beantworten oder aufzulösen.

Typischerweise werden Einwandvorwegnahmen zum Beispiel so formuliert:

- *„Viele Menschen meinen ja, dass .... "*

- *„Sie werden sich vielleicht denken, dass ... "*

- *„Was dagegen sprechen würde ist, dass ... "*

Nachdem Sie an der Stelle genau das laut aussprechen, was sich Ihr Gesprächspartner vermutlich denkt, bekommen Sie seine Zustimmung statt eines Einwandes. Und das ist natürlich sehr viel besser. Ihr Kunde fühlt sich verstanden.

Die Technik der Einwandvorwegnahme können Sie in verschiedensten Phasen des Verkaufsprozesses einsetzen – auch bereits hier bei der Terminvereinbarung.

Erstens kann Sie Ihnen dabei helfen, den Termin überhaupt zu bekommen:

- *„Sie denken sich jetzt vielleicht: Was will der von mir, worum geht es und wie lange dauert es, denn ich habe keine Zeit. Ist das so?"* – Ihr Gesprächspartner fühlt sich verstanden, weil er genau das denkt, und wird Ihnen zustimmen. Sie bekommen ein „Ja" und somit die Kontrolle in dieser Gesprächsphase.

Doch auch wenn bereits klar ist, dass der Termin zustandekommt bzw. der Terminwunsch ursprünglich von Ihrem Kunden ausgeht, können Sie mit der passenden Einwandvorwegnahme Ihre Machtposition von Beginn an etablieren.

Folgendes Beispiel für den Einsatz dieser Taktik in einer zugegeben etwas extremen, aber sehr effektiven Form: Ein amerikanischer Kollege, nennen wir ihn John, seines Zeichens Experte und Berater in Vertriebsthemen wurde angerufen. Der Anrufer Allen stellte sich als höherrangige Führungskraft einer größeren Vertriebsorganisation vor und sagte, dass John ihm empfohlen wurde.

Allen: *„Wir haben eine andere Firma aufgekauft und wollen nun die Vertriebsorganisationen zusammenlegen. Dabei brauchen wir Unterstützung und dafür wurden Sie mir empfohlen."*

John: *„Das freut mich grundsätzlich sehr. Ich weiß zwar nicht, was Ihnen Peter (der Empfehlungsgeber) erzählt hat, doch ich fürchte, Sie werden mich nicht haben wollen.“*

Allen (irritiert): *„Und warum sollte ich Sie nicht haben wollen?“*

John: *„Aus der Erfahrung heraus, weiß ich, dass ich sehr teuer bin, was viele potenzielle Auftraggeber abschreckt.“*

Allen: *„Und was heißt sehr teuer?“*

John: *„Ich bekomme 5.000 € pro Beratungstag.“*

Allen hat jetzt zwei Möglichkeiten. Er kann einen Rückzieher machen, da ihm das tatsächlich zu teuer ist. Das wäre aber zumindest etwas peinlich, weil er zugeben würde, dass er sich gute, professionelle, aber eben auch höherpreisige Beratung nicht leisten kann bzw. will. Oder aber er reagiert so, wie Allen tatsächlich reagiert hat.

Allen: *„Das ist in der Tat viel, aber Sie können mir glauben, dass wir uns professionelle Beratung durchaus leisten können.“*

Diese Vorgehensweise ist natürlich ein, wie gesagt, etwas extremes Beispiel und eine Gratwanderung zwischen mutig und selbstbewusst einerseits und arrogant und beleidigend andererseits. Wenn Sie gelingt, wie es bei John der Fall war, haben Sie nicht nur Ihre Machtposition für die weiteren Gespräche extrem gestärkt, sondern auch gleich das Honorarthema und etwaige Diskussionen darüber von Beginn an vom Tisch gefegt.

Die Einwandvorwegnahme braucht ein wenig Mut, macht sich in Sachen Macht und Kontrolle aber rasch bezahlt.

Unmittelbar vor dem Gespräch

Sie sind jetzt in der Situation, dass Sie einen Termin vereinbart haben und bereits beim Kunden angekommen, von Ihrem Gesprächspartner aber noch nicht empfangen worden sind. Typischerweise befinden Sie sich am Empfang des Kunden, um sich dort anzumelden. Das ist vor allem im Geschäft mit Businesskunden die Standardsituation. Auch beim Privatkunden kann es Situationen geben, wo Sie zu ihm kommen – etwa im Bereich Versicherungen, Sanierungen oder Wohnungseinrichtung. In dem Fall sitzen Sie gerade im Auto, weil Sie etwas früher dran sind und noch ein paar Minuten Zeit haben.

Oder aber es ist umgekehrt. Ihr Gesprächspartner kommt zu Ihnen und meldet sich an Ihrem Empfang an – das kann im Firmenkunden- oder auch Privatkundengeschäft der Fall sein.

Genau diese Situation wird von Verhandlungsprofis wie Einkäufern etwa immer wieder genutzt, um sich ein paar Punkte im Spiel um die Macht im Gespräch zu sichern. Was hier geschehen kann und wie Sie damit umgehen, damit werden wir uns in diesem Abschnitt beschäftigen.

Folgende Situationen treten dabei regelmäßig auf:

- Der Gesprächspartner ist noch nicht verfügbar.

- Der Termin ist gar nicht bekannt.

- Der Gesprächspartner hat zu wenig Zeit.

- Der Gesprächspartner delegiert das Gespräch mit Ihnen an einen Mitarbeiter.

In all diesen Situationen müssen Sie einerseits dafür sorgen, dass Sie dadurch nicht allzu viel Macht und Kontrolle abgeben bzw. Sie können diese auch dazu nutzen, um daraus einen Vorteil für sich selbst zu gewinnen.

Der Gesprächspartner ist noch nicht verfügbar

Dass der Gesprächspartner noch keine Zeit hat, weil er noch in einem anderen Meeting steckt oder noch nicht im Haus ist (aber erwartet wird), kommt häufig vor. Auch Sie haben das vermutlich bereits oft erlebt. Es stellt sich die Frage, wie Sie sich verhalten sollen, um ein Maximum an Kontrolle zu behalten.

Eines ist klar: Wenn Sie sich einfach in den Ihnen zugewiesenen Wartebereich setzen und geduldig warten, bis Ihr Gesprächspartner dann irgendwann aufkreuzt, nimmt Ihre Macht mit jeder Minute ab. Der andere hat die Kontrolle im Spiel. Er entscheidet, wann es für ihn passt, Sie zu empfangen.

46. VEREINBAREN SIE EINEN NEUEN TERMIN

Zu fragen, wie lange es noch dauern wird, bis Ihr Gesprächspartner Zeit für Sie hat, versteht sich von selbst. Wenn es absehbar und nur ein paar wenige Minuten sind, warten Sie. Wenn es länger dauert, gehen Sie. Idealerweise schaffen Sie es, Ihren Termin gleich auf einen späteren Zeitpunkt am selben Tag zu verschieben. In dem Fall sollten Sie unbedingt darauf hinweisen, dass Sie einen wichtigen Anschlusstermin haben und daher nicht warten können. Was immer Sie in der Situation auch tun, denken Sie unbedingt daran: Ihre Zeit ist knapp und sehr wertvoll – das sollten Sie immer kommunizieren (laut oder auch stumm)!

Stärker macht es Sie, wenn Sie gehen und Ihrem Gesprächspartner eine Nachricht mit einem Hinweis auf Ihren dichtgedrängten Terminkalender hinterlassen und dass Sie wegen eines neuen Termins auf ihn zukommen. Alternativ können Sie ihn auch ersuchen, sich bei Ihnen zu melden.

Wenn Sie jetzt gehen, steht Ihr Gesprächspartner ein wenig in Ihrer Schuld. Diesen Umstand könnten Sie auch dahingehend nutzen, ihn zu ersuchen, beim nächsten Termin zu Ihnen zu kommen und so dann Ihre Hausmacht nutzen zu können.

Was genau Sie tun, hängt natürlich auch davon ab, wie viel Macht Sie aufgrund der bestehenden Rahmenbedingungen haben. Es ist eine Gratwanderung. Wenn Sie der einzige Anbieter sind, der etwas rasch liefern kann, das der Kunde dringend benötigt, ist das natürlich ganz etwas anderes, als wenn es viele andere Anbieter gibt, die sehr Ähnliches zu ähnlichen oder sogar besseren Preisen bieten. Doch auch im letzteren Fall dürfen Sie die Kontrolle nicht völlig dem Kunden überlassen. Das würde vielleicht zu einem Verkaufsabschluss führen, aber einem sehr unprofitablen.

47. SETZEN SIE EIN ULTIMATUM

Eine Variante der Vorgehensweise in der eben besprochenen Situation ist es, ein Ultimatum zu setzen. Lassen Sie dem Gesprächspartner, der gerade noch in einem anderen Meeting oder am Telefon ist, mitteilen, dass Sie leider nur 10 Minuten warten können, weil Sie einen Anschlusstermin haben. Höflich und nett natürlich, aber doch klar und bestimmt. Auch in dieser Situation gilt natürlich, dass es sehr stark von den Rahmenbedingungen abhängt, ob Sie es sich leisten können, so etwas wie ein „Ultimatum" zu stellen.

48. BLEIBEN SIE STEHEN

Grundsätzlich sollten Sie sich bemühen, sich nicht in das Schema Ihres Gesprächspartners pressen zu lassen: Im Wartebereich oder Meetingraum bei einem schlechten Kaffee einfach sitzend zu warten, bis er kommt.

Eine Sache, die Sie leicht ändern können, ist, stehen zu bleiben. Damit sind Sie, sobald Ihr Kunde hereinkommt, auf Augenhöhe und müssen nicht aufspringen, um ihn zu begrüßen.

49. TELEFONIEREN SIE

Sorgen Sie dafür, dass Sie telefonieren, wenn Sie endlich abgeholt werden und beenden Sie Ihr Telefonat nicht sofort, sondern lassen Sie Ihren Gesprächspartner ein wenig warten. Diese Wartezeit darf nicht allzu lang sein, das wäre unhöflich. Aber wenn Sie 5 bis 10 Sekunden weitertelefonieren, drehen Sie den Spieß um und drängen Ihren Gesprächspartner in die Warteposition.

Danach entschuldigen Sie sich nicht, sondern verweisen darauf, dass Sie die Wartezeit genutzt haben, um zu arbeiten, oder aber sogar, um den Folgetermin ein wenig zu verschieben. Dadurch geben Sie deutlich zu verstehen, dass Ihre Zeit knapp und offenbar sehr wertvoll ist. Sie sind gefragt und haben viel zu tun.

Sie können das Telefonat auch mit den Worten schließen: „Ich bin etwas spät dran. 16 Uhr werde ich vermutlich nicht schaffen. Wäre 16:30 Uhr auch in Ordnung?" Damit sagen Sie Ihrem ersten Gesprächspartner darüber hinaus auch gleich, bis wann Sie in etwa für Ihn Zeit haben.

Nebenbei gesagt: Ob Sie tatsächlich telefonieren (was bisweilen sicher Sinn ergibt) oder nur so tun als ob (was viel einfacher handhabbar und beendbar ist), überlasse ich Ihnen. In diesem Punkt ein ganz klein wenig zu schummeln ist noch innerhalb der Regeln des Spiels. Immerhin hat man Sie warten lassen – ungeplant oder sogar absichtlich – und das ist definitiv auch nicht nett.

Der Termin ist nicht bekannt

In seltenen Fällen könnte es auch passieren, dass Sie den Gesprächspartner zwar antreffen, dieser aber nichts von einem Termin weiß. Vielleicht erinnert er sich daran, mit Ihnen telefoniert zu haben, aber einen Termin hat er nicht eingetragen. In dem Fall beginnen Sie von vorne und vereinbaren einen neuen Termin für einen anderen Zeitpunkt. Sich zeitlich rasch dazwischenschieben zu lassen, weil Sie ja ohnehin schon vor Ort sind, ist meist eine schlechte Idee – nicht nur, aber vor allem auch, weil diese Vorgehensweise Sie der Kontrolle beraubt.

Der Gesprächspartner hat zu wenig Zeit

Wenn Ihr Gesprächspartner das Gespräch damit eröffnet, dass ihm etwas dazwischengekommen ist und er statt der vereinbarten Stunde leider nur 15 Minuten Zeit hat, dann sollten Sie – in den meisten Fällen – einen neuen Termin vereinbaren. Schließlich ist das, was Sie anzubieten haben, viel zu wertvoll, als dass man es auf die Schnelle zwischen Tür und Angel besprechen könnte.

Der Gesprächspartner delegiert Sie an einen Mitarbeiter

Was in der Praxis auch immer wieder vorkommt, ist, dass ein Gespräch mit einem Verkäufer an einen Mitarbeiter delegiert wird. Das bedeutet, Sie haben plötzlich einen anderen Gesprächspartner als erwartet. Auch hier gilt wieder: Wenn Sie das kommentarlos mit sich machen lassen, geben Sie Macht und Kontrolle ab. Was also tun?

50. BESTEHEN SIE AUF DEM RICHTIGEN GESPRÄCHSPARTNER

Natürlich könnte es sein, dass der Ihnen zugeteilte neue Gesprächspartner genauso kompetent und entscheidungsbefugt ist wie der, mit dem Sie den Termin ursprünglich vereinbart haben. Wenn das der Fall ist, dann können Sie mit diesem natürlich Ihr Gespräch führen. Dabei sollten Sie aber in jedem Fall überprüfen, ob er auch im weiteren Prozess Ihr Ansprechpartner sein wird und befugt ist, die Entscheidungen zu treffen.

Meist wird die Gesprächsführung in solchen Fällen aber an untergeordnete Mitarbeiter delegiert, die keine Entscheidungsbefugnis haben. Oft verbunden mit der Information, dass Sie dem Mitarbeiter sagen mögen, was Sie zu sagen haben und dieser es dann an den wahren Entscheider berichten würde. Abgesehen vom möglichen Stille-Post-Effekt verlieren Sie durch diese Vorgehensweise auch die komplette Kontrolle über den weiteren Verlauf, selbst wenn es Ihnen gelingt, mit dem Mitarbeiter ein Gespräch auf Augenhöhe zu führen.

Bestehen Sie daher auf den richtigen Gesprächspartner, der in der Sache auch entscheidet. Natürlich wollen Sie dabei den Ihnen zugewiesenen Mitarbeiter nicht vor den Kopf stoßen, immerhin könnte er die Entscheidungen auch mit beeinflussen. So zu kommunizieren, dass genau das nicht geschieht, ist nicht einfach und wird vermutlich auch nicht immer gelingen.

Es könnte zum Beispiel folgendermaßen umgesetzt werden:

Mitarbeiter:
„Mein Chef lässt sich entschuldigen, er ist verhindert und hat mich gebeten, mit Ihnen zu sprechen. Ich gebe ihm die Informationen dann gerne weiter."

Verkäufer:
„Das freut mich, Sie kennen zu lernen und wir können sehr gerne miteinander sprechen. Darf ich dann davon ausgehen, dass Sie auch die Befugnis haben, eine Entscheidung diesbezüglich zu treffen?"

Mitarbeiter:
„Nein, das macht dann mein Chef."

Verkäufer:

„ Mmmh, dann bin ich jetzt in einer Zwickmühle. Ich würde ja gerne mit Ihnen sprechen, aber die Sache erfordert es, dass ich mit der Person spreche, die auch die Entscheidungen trifft. Und ich möchte Ihre Zeit auch nicht verschwenden und muss mir wohl einen anderen Termin mit Ihrem Vorgesetzten vereinbaren. Haben Sie Zugriff auf seinen Terminkalender? "

So oder so ähnlich könnten Sie das tun. Möglicherweise ist der Mitarbeiter dennoch ein wenig beleidigt, weil Sie nicht mit ihm sprechen, oder auch froh, dass er nicht weiter von seiner Arbeit abgehalten wird. Aber kein Gespräch (zumindest nicht gleich) kann besser sein als eines, dessen Erfolgschancen von vorneherein sehr gering sind.

Sie könnten auch versuchen, den Termin mit dem richtigen Entscheider doch noch gleich zu erwirken, indem Sie auf seiner Anwesenheit „bestehen", ggfs. gemeinsam mit dem Mitarbeiter. Einen Versuch ist es wert.

51. ERTEILEN SIE ANORDNUNGEN

Sie können das Spiel um die Macht im Vorfeld auch ein wenig auf die Mitarbeiter am Empfang ausdehnen. Erstens könnte auch das einen Einfluss auf die weitere Vorgehensweise haben und zweitens wärmen Sie sich schon einmal auf und beginnen an dieser Stelle bereits die Kontrolle über den weiteren Verlauf zu übernehmen. Und das könnten Sie machen, indem Sie der Mitarbeiterin oder dem Mitarbeiter am Empfang „Anordnungen" erteilen (natürlich sehr höflich) oder Bitten äußern.

Anordnungen

- *„Sagen Sie Herrn Mayer bitte, dass ich leider nur 10 Minuten warten kann, weil ich einen Anschlusstermin habe. "*

- *„Habe Sie ein Gäste-WLAN hier? Sind Sie dann so nett und geben mir den Zugangscode?"*

- *„Seien Sie so nett und suchen Sie Herrn Mayer. Ich habe einen Termin mit ihm, daher müsste er irgendwo im Haus sein."*

Achten Sie dabei auf die Intonation (wie bereits besprochen) und senken Sie Ihre Stimme am Ende ab.

Bitten

- *„Dürfte ich vielleicht einen Kaffee haben, während ich warte? Ohne Zucker, aber mit einem Schuss Milch wäre nett."*

- *„Haben Sie einen Platz, wo ich die Wartezeit gut nutzen und ein bisschen arbeiten kann?"*

Die Grenzen zwischen einer Anordnung und einer Bitte verschwimmen oft. Es ist aber nicht entscheidend, beides genau zu trennen. Die Wirkung in Sachen Macht und Kontrolle ist dieselbe.

Wenn Sie die Hürden und Fallen, die vor dem Beginn des eigentlichen Gespräches lauern und Ihnen die Kontrolle schon sehr früh im Prozess entreißen können, erfolgreich überwunden oder umgangen haben, wird es richtig spannend, denn es kommt jetzt zur echten Interaktion mit Ihrem Gesprächspartner und da gibt es vieles, was Sie tun können, um die Kontrolle zu bekommen und zu behalten.

Der Gesprächseinstieg

Wie auch schon in den Phasen, die vor dem eigentlichen Verkaufsgespräch stattfinden, bietet auch der Gesprächseinstieg viele Möglichkeiten – sowohl Gefahren als auch Chancen – was Macht und Kontrolle im Gespräch betrifft.

52. SETZEN SIE SICH RICHTIG INS BILD

Etwas, das erst in den letzten Jahren mit der Zunahme der Online-Meetings an Bedeutung gewonnen hat, ist der Bildausschnitt, den Ihr Gegenüber von Ihnen zu sehen bekommt. Mit dem falschen Ausschnitt werten Sie sich ab und machen sich kleiner, mit dem richtigen erhöhen Sie Ihren Status und damit Ihre Macht.

Ein paar Regeln dazu:

- **Sorgen Sie für einen professionellen Hintergrund**
  Nachdem Sie nicht auf Ihren echten Hintergrund bei einem Video-Call angewiesen sind und einen Ihrer Wahl einblenden können, nutzen Sie diese Möglichkeit, um professioneller aufzutreten. Vermeiden Sie privat aussehende Hintergründe (wie Palmenstrände oder Berggipfel etwa) und verwenden Sie stattdessen einen einfarbig neutralen oder sogar einen, den Sie mit Ihrem Firmenlogo gebrandet haben.

- **Sitzen Sie mittig**
  Stellen Sie die Kamera bzw. Ihren Stuhl so ein, dass Sie mittig sitzen. Dabei ist nicht nur die Horizontale, sondern vor allem auch die Vertikale von Bedeutung. Achten Sie darauf, dass Sie nicht zu viel Abstand (Headspace) zwischen dem oberen Rand Ihres Kopfes und dem Bildrand haben. Wenn Sie zu weit unten sitzen, nimmt Ihnen das an Status und Wirkung. Sie machen sich im wahrsten Sinne des Wortes kleiner.

- **Stellen Sie die Kamera auf Augenhöhe**

  Achten Sie darauf, dass sich Ihre Kamera auf Augenhöhe befindet und Sie so gerade in die Kamera blicken. Das erreichen Sie, indem Sie den Laptop (so Sie einen verwenden) auf einen Sockel stellen oder Ihren Stuhl niedriger machen. Meist befindet sich die Kamera zu weit unten und es entsteht dadurch der Eindruck, dass Sie auf Ihren Gesprächspartner herabblicken. Wenn Sie das so wollen und es Teil Ihrer Strategie ist, ist es in Ordnung. Es sollte nur nicht ungewollt passieren.

- **Zeigen Sie sich formatfüllend**

  Wählen Sie den Abstand zur Kamera bzw. den Zoom so, dass Sie ziemlich formatfüllend sind. Dabei sollten Sie in etwa bis zur Nabelhöhe sichtbar sein.

- **Drehen Sie den Ausgangstonpegel auf**

  Stellen Sie Ihr Mikrophon so ein, dass Sie mit hoher bis maximaler Lautstärke senden. Wenn Ihre Stimme beim Empfänger zu leise ankommt (was natürlich auch von seiner Lautsprechereinstellung abhängt) reduziert das Ihre Wirkung und Ihr Gewicht.

Es ist erstaunlich, wie häufig diese paar einfachen Regeln nicht beachtet oder grob verletzt werden. Prüfen Sie diese vor bzw. bei Beginn einer Besprechung und legen Sie so eine solide Basis für ein erfolgreiches Online-Kundenmeeting.

53. BEGRÜßEN SIE AUF AUGENHÖHE

Die Begrüßung sollte höflich, freundlich, vielleicht sogar herzlich, aber in jedem Fall auf Augenhöhe stattfinden. Dabei spielen ein paar der Taktiken eine Rolle, die wir teilweise bereits im allgemeinen Teil besprochen haben, die ich aber an dieser Stelle nochmals für diese besondere Situation zusammenfasse. Im Speziellen sind das die folgenden Punkte:

- Sprechen Sie eher langsam und eher tiefer.

- Drücken Sie die Hand Ihres Gegenübers eine Spur fester als Ihre gedrückt wird, und halten bzw. drehen Sie Ihre ein wenig so, dass Sie die „Oberhand" haben.

Beim Begrüßen besteht beim Verkäufer häufig die Tendenz, zu „unterwürfig" zu sein. Vermeiden Sie Begrüßungsfloskeln, wie wir sie bei Taktik 20 beschrieben haben:

- *„Es ist mir eine Ehre."*

- *„Danke, dass Sie sich die Zeit genommen haben."*

- *„Ich freue mich, Sie endlich persönlich kennenlernen zu dürfen."*

Man kann es in der Phase leicht übertreiben und sich dadurch kleiner machen als nötig wäre.

54. ERGREIFEN SIE DIE MACHT ÜBER DEN RAUM

Etwas, das sich nach der Begrüßung meistens gleich zu Beginn eines Gespräches abspielt, ist die Verteilung der Sitzpositionen. Wer sitzt wo? Und viel wichtiger: Wer bestimmt, wer wo sitzt?

Wenn Sie die Hausmacht haben, weil der Kunde zu Ihnen gekommen ist, dann ist das relativ einfach. Sie müssen sich in dem Fall nur überlegen, wo Sie sitzen möchten und wo Sie die anderen platzieren wollen.

Sitzpositionen direkt gegenüber erhöhen die Gefahr einer Konfrontation. Es werden eher Fronten aufgebaut. Man sagt ja auch, dass sich

Feinde „Auge in Auge gegenüberstehen". Nebeneinander zu sitzen (ein wenig schräg zueinander gedreht) sowie Sitzpositionen um die Ecke oder an einem runden Tisch ermöglichen es, die Beziehungsebene zu verstärken.

Auch der Abstand spielt eine Rolle. Näher bringt naturgemäß mehr Nähe mit sich, weiter entfernt mehr Distanz. Alles, was näher als eine Armeslänge ist, kann in unserem Kulturkreis zu nahe sein.

Wenn Sie Macht demonstrieren und keine Nähe zulassen wollen, dann wählen Sie einen großen Tisch, setzen sich an das eine Ende und Ihren Gesprächspartner an das andere vielleicht sogar noch auf einen sehr viel kleineren Stuhl als es der Ihre ist. Ob das gut für das Gespräch ist, kommt auf die Situation an. Standardmäßig empfehlen würde ich diese Vorgehensweise keinesfalls.

Zusammengefasst könnte man sagen: Es gibt kein Richtig und kein Falsch was die Sitzordnung angeht, doch alles hat Auswirkungen und Konsequenzen. Das bedeutet, Sie entscheiden, was für die Ziele eines bestimmten Gespräches förderlicher ist.

Worum es mir vielmehr geht, ist, dass Sie die Sitzordnung nicht dem Zufall überlassen, sondern darüber nachdenken, sich eine Strategie zurechtlegen und diese umsetzen. Das ist wie gesagt einfach, solange es Ihre Räumlichkeiten sind. Doch was tun, wenn Sie sich beim Kunden in seinen Räumlichkeiten treffen?

Hier ist es vor allem wichtig, dass Sie Macht über den Raum ergreifen, auch wenn bzw. gerade, weil es nicht ihr Raum ist. Was heißt das nun? Sie müssen sich keineswegs auf den Platz setzen, der Ihnen angeboten wird. Sie können sogar Ihren bzw. Ihre Gesprächspartner umsetzen – ja, sogar in Ihren eigenen Räumen. Die meisten werden so überrascht sein, dass sie gar nicht auf die Idee kommen, sich dagegen zu wehren. Die versteckte Botschaft ist: *„Ich sage hier, wo es lang geht."*

Sie fragen sich jetzt vielleicht: *„Und wie bitte soll das gehen?"* Das ist sehr viel einfacher als Sie denken. Nehmen wir an, Sie haben ein 4-Augen-Gespräch, und Ihr Gesprächspartner bietet Ihnen einen Platz direkt gegenüber von ihm an. Der Tisch ist außerdem so breit, dass Sie etwa 1,5 Meter entfernt und frontal zu ihm sitzen würden. Alles in allem eine Sitzposition, die Sie nicht möchten. Nehmen wir weiter an, Sie wollen an der Beziehungsebene arbeiten und daher lieber näher und um die Ecke zu ihm sitzen.

Dann können Sie die Macht über den Raum ergreifen, indem Sie sagen:

- *„Ist es in Ordnung, wenn ich da zu Ihnen um die Ecke rücke. Ich habe auch etwas dabei, das ich Ihnen gerne zeigen würde, und dann tun wir uns leichter."*

Die Antwort darauf wird so gut wie immer „Ja" sein. Wenn der Kunde zu Ihnen sagen würde: *„Nein, bleiben Sie bloß, wo Sie sind!",* dann hat er mit Ihnen (oder mit sich selbst) ein ganz anderes Problem.

Wenn es darum geht, mehrere Teilnehmer seitens des Kunden zu gruppieren, können Sie das in etwa so machen:

- *„Ich habe eine kleine Präsentation mitgebracht, die ich Ihnen gerne zeigen würde. Es wäre super, wenn Sie sich hier an die Seite setzen könnten. Ich setze mich hier herüber und dann können alle die Folien gut sehen, denke ich."*

Das bedeutet auch, dass Sie nicht einmal eine echte Frage stellen müssen, sondern fast so etwas wie eine sehr nette „Anordnung" geben können. Es wird in so gut wie allen Fällen funktionieren.

Möglicherweise ist es Ihnen bereits aufgefallen: Es hilft, wenn Sie Ihre Bitte oder Anordnung mit einer Begründung unterstützen.

Und selbst wenn es gar nicht unbedingt notwendig sein sollte, weil die Sitzordnung ganz ok ist, ergibt es dennoch Sinn, ein wenig Macht über den Raum zu ergreifen – einfach nur, um gleich zu Beginn mehr Kontrolle zu erlangen.

Zum Beispiel auch so:

* *„Die Sonne blendet mich ein bisschen. Ist es in Ordnung, wenn ich die Jalousien ein wenig zuklappe?"*

* *„Darf ich die Tür schließen?"*

* *„Darf ich mir Wasser nehmen und soll ich Ihnen auch etwas einschenken?"* – sofern Wasser auf dem Tisch steht. Damit übernehmen Sie die Gastgeberrolle, die eigentlich Ihrem Gesprächspartner zustünde und somit auch ein wenig von seiner Hausmacht.

Was immer Sie also tun, machen Sie es bewusst und überlassen Sie diese Dinge nicht dem Zufall, wenn Sie von Beginn an das Gespräch aktiv führen wollen.

55. VERLANGEN SIE ETWAS ZU GESPRÄCHSBEGINN

Eine Variante davon, die Macht über den Raum zu übernehmen, ist es, etwas zu bitten bzw. etwas zu verlangen oder zu fordern. Der Unterschied liegt manchmal nur in der Formulierung. Wir haben das Thema auch schon beim Warten erwähnt. Gerade zu Beginn eines Gespräches gibt es dazu gute Möglichkeiten, weshalb ich es Ihnen hier (nochmals) ans Herz legen möchte.

Worum könnten Sie bitten bzw. was könnten Sie fordern?

* Einen Kaffee oder Tee (ist ungewöhnlicher als Kaffee)

* Ein Glas Wasser

- Etwas Süßes (weil Sie keine Zeit zum Essen hatten und unterzuckert sind)

- Ein Papiertaschentuch

- Eine Steckdose oder ein Ladegerät, um das Smartphone zu laden

Je ungewöhnlicher das ist, was Sie haben wollen, desto mehr Mut braucht es, danach zu fragen, und umso mehr tut es für Ihre Macht im Gespräch.

56. STELLEN SIE FRAGEN IM SMALL-TALK

Zu den Fragen als extrem wirksames Instrument der Gesprächskontrolle kommen wir noch. Beginnen Sie früh damit, Ihr Gegenüber daran zu gewöhnen, dass Sie die Fragen stellen und das Gespräch führen. Ganz zwanglos und einfach geht das im Small-Talk.

Auch hier gilt die Regel: Je ungewöhnlicher, desto besser. Das bedeutet, statt nach dem Wetter oder der Anreise zu fragen, fragen Sie zum Beispiel nach dem Hintergrund eines Fotos, das Sie im Wartebereich gesehen haben.

57. LOBEN SIE DEN KUNDEN

Ebenso gut im Small-Talk einsetzbar ist Lob. Und Lob ist psychologisch tiefgehender, als es auf den ersten Blick wirken mag. Gelobt wird typischerweise von oben nach unten. Eltern loben Kinder, Vorgesetzte ihre Mitarbeiter. Und weil das so ist, entfaltet sich auch die umgekehrte Wirkung: Durch das Lob wird eine Über- und Unterordnung etabliert bzw. verstärkt. Dadurch, dass Sie ein Lob aussprechen, sagen Sie auch (als stumme Botschaft): „Ich bin dir übergeordnet, stärker und mächtiger, denn ich lobe dich und nicht umgekehrt."

Damit das funktioniert, müssen ein paar Dinge gegeben sein:

- Der Statusunterschied darf nicht zu hoch sein. Stellen Sie sich vor, der Lehrling würde zum Vorstandsvorsitzenden beim Kaffeeautomaten sagen: *„Ich wollte Ihnen übrigens noch sagen, Sie machen einen guten Job hier. "* Das würde – im besseren Fall – dem Vorstandschef ein amüsiertes Lächeln entlocken, wäre aber gelinde gesagt sehr seltsam.

- Das wofür Sie loben, sollte etwas sein, was die Leistung des anderen betrifft, etwas, wofür typischerweise ein Vorgesetzter seine Mitarbeiter loben würde (also nicht die schöne Krawatte oder Bluse).

Außerdem kann man sich gegen Lob nur sehr schwer zur Wehr setzen. Der Vorstandschef kann schwer sagen: „Nein, das siehst du falsch. Ich mache einen lausigen Job." Er muss es gezwungenermaßen dankend annehmen, selbst wenn er fühlt, dass es nicht stimmig ist.

Und wie Studien zeigen, sind uns Menschen, die uns loben, sympathisch – sogar wenn wir meinen, dass das Lob nicht ganz ehrlich ist und wir nur gelobt werden, weil der andere etwas von uns will. Das bedeutet im Übrigen nicht, dass Sie unehrlich loben sollten, sondern vielmehr, dass Sie sich auf die Suche nach etwas begeben sollten, dass Sie ehrlich loben können.

Wenn Sie Lob auf geschickte Art und Weise mit viel Fingerspitzengefühl einsetzen, dann kann das durchaus helfen, eine Basis für mehr Kontrolle im Gespräch zu schaffen.

58. HEFTEN SIE DEM KUNDEN EIN ETIKETT AN

Eine psychologische Strategie, die mit dem Loben eng im Zusammenhang steht, ist die sogenannte „Etikettierungstechnik". Dabei loben Sie Ihr Gegenüber für etwas, das dieser nur ansatzweise oder vielleicht sogar noch gar nicht gezeigt hat. Sie beruht auf der Tatsache, dass wir dazu tendieren, uns so zu verhalten, wie uns andere sehen und wofür wir von diesen gelobt werden. Lob ist ein Verhaltensverstärker.

Inhaltlich kann sich diese Technik auf unterschiedlichste Themen beziehen. So könnten Sie zum Beispiel sagen:

- *„Ich freue mich immer wieder, hier bei Ihnen zu sein. Sie sind endlich wieder einmal jemand, der weiß, was er will und sich auch rasch entscheiden kann. "* – Wenn Sie die Entscheidungskraft des Kunden verstärken wollen.

- *„Ich sage Ihnen: Es ist Wahnsinn da draußen. Viel schlimmer als noch vor einem Jahr. Alle schauen nun mehr auf den Preis und feilschen wegen Kleinstbeträgen herum. Da freut es mich, mit jemandem wie Ihnen zu sprechen, der auch den Wert einer Sache zu schätzen weiß und nicht einfach nur das Billigste kaufen will. "* – Wenn Sie den Kunden in seinem Verhandlungseifer bremsen wollen.

Dadurch, dass diese Strategie weitgehend unbewusst wirkt, ist es ein sehr mächtiges Instrument der Beeinflussung.

59. ÜBERNEHMEN SIE DIE MACHT ÜBER DIE ZEIT

Die Zeit ist ein starker Machtfaktor. Das beruht darauf, dass sie ein knappes Gut ist und nur in sehr begrenztem Ausmaß zur Verfügung steht. Mächtige Menschen sind mit Ihrer Zeit sehr sparsam und wählen sehr genau aus, wem sie ein wenig davon abgeben bzw. wofür sie sie verwenden. Daher haben auch Sie (wie bereits früher zu diesem Thema erwähnt) auch immer so gut wie keine Zeit zur Verfügung – selbst wenn Ihr Terminkalender leer sein sollte.

Häufig wird bei der Terminvereinbarung (wenn es eine solche gab) bereits ein gewisser Zeitrahmen vereinbart. Diesen sollten Sie zu Beginn des Gesprächs auch nochmal überprüfen. Das ist eine Frage der Professionalität und erleichtert auch die Planung der Gesprächsführung.

Sagen Sie zum Beispiel:

- *„Wir hatten 30 Minuten Gesprächszeit vereinbart. Passt das nach wie vor so für Sie?“*

Wenn Sie Ihre Macht ein wenig stärken wollen, fügen Sie hinzu:

- *„Ich frage deshalb, weil ich einen Folgetermin habe und mich zu diesem nicht verspäten möchte. Sonst müsste ich jetzt dort anrufen.“* – Die stumme Botschaft: Ich bin ein gefragter Mann.

Damit verhindern Sie aber auch, dass Ihr Gegenüber Sie im Verlauf des Gesprächs unerwartet unter Druck setzen kann, indem er zum Beispiel sagt:

- *„Übrigens, wir sollten in 10 Minuten fertig sein. Ich muss dringend in ein Meeting.“*

Auf diese Art und Weise übernehmen Sie gleich zu Beginn des Gesprächs die Kontrolle über die Zeit, einer der wichtigsten Machtfaktoren.

60. NENNEN SIE IHR GESPRÄCHSZIEL

Was meinen Sie: Kennt Ihr Kunde Ihr Gesprächsziel? Weiß er, was Sie (von ihm) wollen? In den meisten Gesprächen ist das der Fall, zumal es auch nicht sehr schwierig zu erraten ist. Sie sind Verkäufer und wollen ihm im Normalfall etwas verkaufen.

Wenn Sie die Zügel etwas fester in die Hand nehmen wollen, dann sagen Sie ihm das zu Beginn des Gesprächs – dann, wenn dieses vom Small-Talk zum geschäftlichen Teil des Gesprächs übergeht. Nennen Sie ihm Ihr Ziel und sprechen Sie das, was ohnehin klar ist, laut aus.

Das können Sie zum Beispiel in folgender Form machen:

- *„Lieber Herr Mustermann, mein Ziel für unser heutiges Gespräch ist es, die offenen Punkte so weit zu klären, dass Sie sich am Ende des Gespräches für unsere Lösung entscheiden."*

Dadurch, dass Sie das Offenkundige laut aussprechen, zeigen Sie Mut (es fällt vielen Verkäufern gar nicht so leicht, das zu tun). Und immer wenn Sie Mut zeigen, erhalten Sie als Anerkennung dafür ein wenig mehr Macht vom Gesprächspartner zugesprochen. Sie sagen damit, wo es langgeht und was das Ziel der gemeinsamen Reise ist. Und am besten lassen Sie sich dieses Ziel auch bestätigen, indem Sie fragen:

- *„Passt das so für Sie?"*

Natürlich muss der Kunde nicht zustimmen, doch in den meisten Fällen wird er es dennoch tun oder eine ausweichende Antwort wie *„Na lassen Sie uns mal sehen"* oder *„Na schauen wir mal"* (in Österreich) geben. Doch auch mit der ausweichenden Antwort sind Sie einen Schritt weiter und haben ein wenig mehr Macht und Kontrolle erhalten. Glatt widersprechen wird Ihr Gesprächspartner eher selten.

61. NEHMEN SIE SICH DIE MACHT ÜBER DIE AGENDA

Der Gesprächsbeginn setzt sich idealerweise aus einer Abfolge von Vorgehensweisen zusammen, die einen in sich stimmigen Gesamtverlauf ergeben, der Ihnen eine solide Ausgangsbasis verschafft, auf der Sie die Kontrolle über das Gespräch übernehmen können.

Ein paar der wichtigsten Taktiken haben wir bereits besprochen:

- Macht über den Raum

- Macht über die Zeit

- Gesprächsziel nennen

Der nächste Schritt in dieser Abfolge ist es, die Agenda vorzugeben. Bei wichtigeren Gesprächen mit bestehenden Kunden – etwa bei Jahresgesprächen, wie Sie viele Verkäufer bzw. Key-Account-Manager führen – wird die Agenda bereits im Vorfeld des Gespräches per Telefon und / oder E-Mail abgestimmt.

Dabei ist es wichtig, dass Sie von Beginn an die Macht über die Agenda ergreifen. Wie machen Sie das?

- Ergreifen Sie die Initiative für die Agenda.

- Geben Sie die ersten Punkte vor.

- Fragen Sie den Kunden, welche Punkte er noch auf der Agenda haben möchte.

- Schicken Sie dem Kunden die fertige Agenda vorab zu.

Damit übernehmen Sie nicht nur bereits zu diesem frühen Zeitpunkt die Kontrolle, sondern stellen auch sicher, dass alle Punkte, die Ihnen wichtig sind, sich auch auf der Agenda befinden und das in der Reihenfolge, die für Ihre Gesprächsstrategie ideal ist. Sie sind so auch weitgehend vor unangenehmen Überraschungen seitens des Gesprächspartners gefeit, denn Sie kennen auch seine Punkte und können sich auf diese entsprechend vorbereiten.

Zu Beginn Ihres Gespräches knüpfen Sie dann an diese Vorarbeit an, indem Sie

- die Agenda ausgedruckt mitgebracht haben und vorlegen,

- Ihren Gesprächspartner Schritt für Schritt durch die Agenda führen – damit stellen Sie noch einmal sicher, dass alle wesentlichen Punkte auf der Agenda sind und signalisieren auch, dass Sie es sind, der das Gespräch führt und

- sich beim Präsentieren der Agenda ein- oder mehrmals die Zustimmung des Kunden einholen, indem Sie Checking-Frage stellen: *„Passt das so für Sie?"*

Die Agenda ist Ihr Fahrplan durch das Gespräch, an dem Sie sich auch zwischendurch immer wieder orientieren können und auch sollten. Wenn Sie kontrolliert mit der Agenda arbeiten, stellen Sie sicher, dass das Gespräch nicht unbeabsichtigt in Bereiche abgleitet, in die Sie sich nicht begeben wollten. Sie können den Kunden jederzeit mit dem Verweis auf die Agenda, die Sie gemeinsam abgestimmt und für OK befunden haben, zur besprochenen Route zurückholen. Haken Sie demonstrativ auch Punkte auf der Agenda ab, die besprochen und erledigt wurden.

Soweit zum Einsatz der Agenda als wesentliches Instrument zur Gesprächskontrolle bei bestehenden Kundenbeziehungen. Die Frage, die Sie sich vielleicht stellen, ist: *„Kann man mit einer Agenda in der Form auch mit neuen Kunden bei Erstgesprächen arbeiten? Bei einem klassischen Pitch?"*

Aus eigener Erfahrung sage ich: Ja, man kann nicht nur, sondern sollte das auch tun. Im Prinzip geht das genauso wie beschrieben. Der einzige Unterschied ist, dass Sie die Agenda nicht vorab abstimmen, sondern diese vorgeben. Die Frage nach Punkten seitens des Kunden können Sie dann stellen, wenn Sie die Agenda mit Ihren Punkten präsentiert haben. Bei klassischen Erstgesprächen zur Akquise, wie ich Sie hundertfach geführt habe, ist diese Frage meist nur eine rhetorische. Seitens des Kunden kommen so gut wie nie weitere Punkte in dieser Phase des

Gespräches. Die Zustimmung zu Ihren Punkten sollten Sie sich auch in diesem Fall einholen.

Alles in allem gibt Ihnen die Agenda Macht und Kontrolle für Ihr Gespräch. Wer die Agenda besitzt, hält die Zügel in der Hand und lenkt den Gesprächsverlauf.

62. MACHEN SIE SICH ZUM MEISTER DES PROTOKOLLS

Das nächste und vorerst letzte Instrument des 5-er-Gespanns:

- Macht über den Raum

- Macht über die Zeit

- Gesprächsziel nennen

- Macht über die Agenda

... ist: Machen Sie sich zum Meister des Protokolls.

Gerade bei größeren, wichtigeren und dann meist inhaltlich auch heikleren Gesprächen werden die Ergebnisse protokolliert. Damit wird sichergestellt, dass irgendwann nach dem Gespräch nicht diskutiert werden muss, was wer gesagt hat und was beschlossen wurde. Man schreibt es auf und beide Gesprächspartner erhalten eine Kopie davon. In besonders wichtigen Verhandlungen werden diese Protokolle sogar von beiden unterschrieben. In vielen anderen Fällen wird das Protokoll so gehandhabt, dass es als Zustimmung gilt, wenn dem Protokoll inhaltlich nicht widersprochen wird.

Wie ergreifen Sie nun die Macht über das Protokoll?

- Kündigen Sie zu Beginn des Gespräches an, dass Sie das tun werden.

o *„Ich mache Notizen und lasse Ihnen dann nach unserem Gespräch eine Zusammenfassung zukommen. "*

Das ist ein wesentlicher Punkt. Damit erhöhen Sie Ihre Macht unmittelbar. Das folgende Mitschreiben Ihrerseits bekommt dadurch eine ganz andere Bedeutung, als wenn Sie einfach nur Notizen für sich machen würden.

- Schreiben Sie mit. Praktisch ist es natürlich, wenn Sie das gleich am Laptop während des Gesprächs machen und danach Ihre handschriftlichen Notizen nicht übertragen müssen. Gleichzeitig ist die Arbeit mit dem Laptop für das Gesprächsklima allerdings nicht besonders förderlich. Er könnte durch den aufgeklappten Bildschirm eine Art Barriere darstellen. Wenn Sie Gespräche mit mehreren Gesprächsteilnehmern führen, könnte eine Person, die nicht so sehr ins Gespräch involviert ist, die Rolle als Protokollführer übernehmen.

- Senden Sie das fertige Protokoll Ihrem Gesprächspartner nach dem Gespräch zeitnah zu.

So weit so gut. Nun gibt es aber auch Gesprächspartner, die um die Macht des Protokolls wissen und daher darauf bestehen, dass sie selbst das Protokoll führen. In dem Fall müssen Sie manchmal zustimmen, wenn der Kunde genug Macht besitzt. Doch das bedeutet nicht, dass Sie die Macht des Protokolls nicht trotzdem für Ihre Zwecke nutzen können. Und das machen Sie folgendermaßen.

Drehen Sie den Spieß um und diktieren Sie Ihrem Gegenüber immer wieder Punkte, die Sie im Protokoll haben möchten. Machen Sie das so, dass Sie Ihn vom mächtigen Protokollführer zur „Schreibkraft" degradieren, die das aufschreibt, was Sie sagen. Natürlich dürfen Sie das auch nicht übertreiben, sondern müssen – wie bei vielen anderen der

Instrumente in diesem Punkt auch – mit viel Fingerspitzengefühl vorgehen.

- *„Sind Sie so nett und halten diesen Punkt bitte für das Protokoll fest?"* – So zum Beispiel können Sie in einer freundlich formulierten Frage eine Anordnung geben. Wenn Sie noch ein wenig dominanter auftreten wollen, dann intonieren Sie Ihre Bitte nicht als Frage, sondern senken Ihre Stimme am Ende ab, sodass daraus ein „Befehl" wird.

Wenn Sie bereits aus der vergangenen Erfahrung mit einem Gesprächspartner wissen, dass er darauf besteht, das Protokoll zu führen, können Sie diesen Umstand von Beginn an geschickt nutzen, um Ihre Macht zu erhöhen. Gehen Sie dabei so vor:

- *„Lieber Herr Mustermann, es wäre super, wenn Sie wieder das Protokoll führen könnten. Ist das in Ordnung für Sie?"* Sie *könnten das auch noch mit einem kleinen Lob ergänzen. „Sie haben das das letzte Mal so akkurat gemacht."*

Natürlich wird Ihr Gesprächspartner antworten, dass er das macht. Schließlich will er das ja auch unbedingt tun. Gleichzeitig hat er sich dieses Recht aber nicht genommen, sondern Sie haben ihm – netterweise – zugestanden bzw. ihm sogar unterschwellig aufgetragen, diese Arbeit zu übernehmen.

Auf diese Art und Weise nutzen Sie die Macht des Protokolls oder zumindest einen Teil davon, wenn es Ihnen nicht gelingt, dieses selbst in die Hände zu bekommen.

63. STARTEN SIE MIT EINER EINWANDVORWEGNAHME

Wir hatten den Einsatz einer Einwandvorwegnahme bereits im Rahmen der Terminvereinbarung besprochen. Dort war es eine optionale Taktik, die Sie einsetzen können, aber definitiv nicht müssen. Hier zu Beginn des eigentlichen Gespräches ist es ebenso. Einwandvorwegnahmen zu nutzen erfordert meist ein wenig Mut, kann aber im Gegenzug dafür Ihre Macht von Beginn an stärken.

Welche Einwände Sie vorwegnehmen wollen, hängt ganz von der individuellen Situation ab. Grundsätzlich sollten es immer nur solche sein, die der Kunde von sich aus zu einem späteren Zeitpunkt selbst bringen würde. Ansonsten würden Sie schlafende Hunde wecken und das ist bekanntermaßen oft keine besonders gute Idee. Das könnte auch ein Punkt sein, der nicht auf der Agenda steht, den Sie – aus Gründen der Inszenierung etwa – bewusst nicht draufgeschrieben haben, um einen gewissen Überraschungseffekt damit zu erzielen.

Ein paar Beispiele, wie Sie Einwandvorwegnahmen formulieren können:

- *„Sie fragen sich vielleicht, was aus dem Thema X geworden ist?“*

- *„Vermutlich warten Sie schon auf meine Antwort zum Thema Y!?“*

- *„Viele Kunden fragen sich an dieser Stelle Folgendes: ….! Sie auch?“*

Wenn Sie es gerne noch dramatischer haben wollen, dann machen Sie es folgendermaßen:

- *„Das, was ich Ihnen jetzt zu sagen habe, werden Sie vermutlich nicht hören wollen. Soll ich es Ihnen dennoch sagen?“* – Eine rein rhetorische Frage, auf die Sie immer ein Ja erhalten werden. Doch ein Ja ist sehr viel besser als ein Einwand seitens des Kunden für den Gesprächsverlauf.

In meinem Buch „Verkaufen ohne Aber" gehe ich sehr ausführlich auf das Thema Einwandbehandlung ein. Dort finden Sie noch etliche weitere Varianten, wie Sie diese formulieren können. Den Link zum Buch finden Sie auch auf der Ressourcenseite zu diesem Buch hier.

Wie bereits erwähnt gibt Ihnen die Einwandvorwegnahme mehr Kontrolle im Gespräch, da Sie es sind, der den Zeitpunkt bestimmt, wann der Einwand kommt. Sie können diesen selbstbewusst nennen, statt zu warten und zu hoffen, dass er nicht kommt und ihn schließlich auch gut vorbereitet beantworten bzw. lösen.

+++++

Damit haben wir die wesentlichen Taktiken für mehr Macht und Gesprächskontrolle besprochen, die speziell für den Beginn eines Gespräches wichtig sind bzw. die Sie speziell dort gut einsetzen können. Einige davon – zum Beispiel die soeben erwähnte Einwandvorwegnahme – sind natürlich auch in anderen Gesprächsphasen einsetzbar. Auf die Gefahr hin, mich zu wiederholen, werde ich aber dennoch immer wieder darauf hinweisen, wenn eine Strategie für eine bestimmte Situation besonders gut passt und effektiv einsetzbar ist.

Wir haben nun – hoffentlich – die größten Gefahren gemeistert oder die häufigsten Stolperfallen, die zu Beginn eines Gespräches lauern, überhaupt vermieden. Durch unsere geschickte Vorgehensweise haben wir uns eine gute Ausgangsbasis für ein Gespräch geschaffen, das wir weitgehend selbst kontrollieren. Jetzt können wir uns dem Hauptteil des Gespräches zuwenden.

Während des Gesprächs

Nur weil es Ihnen gelungen ist, eine solide Basis dafür zu schaffen, die Kontrolle im Gespräch zu übernehmen und das Gespräch zu führen, bedeutet das nicht, dass das so bleiben muss. Es wäre definitiv ein Fehler, manchmal ein fataler, sich nach einem gelungenen Start zurückzulehnen und zu denken, dass die Arbeit in Sachen Macht und Kontrolle für das Gespräch nun erledigt sei.

Im einfacheren Fall fügt sich der Gesprächspartner Ihrer Leitung und verhält sich genauso, wie Sie das gerne hätten. In vielen Fällen allerdings wird das nicht so sein. Er wird vielleicht aufbegehren, weil er fühlt, dass Sie die Zügel in der Hand haben und ihm das nicht gefällt. Er könnte daher ganz bewusst Aktionen setzen, um Ihnen die Gesprächsführung wieder wegzunehmen. Häufig macht er solche Dinge aber auch, ohne dass sie ihm bewusst sind. Im Normalfall bringt Ihr Kunde auch Einwände oder stellt kritische Fragen, die dazu führen könnten, dass Sie den Faden verlieren und aus dem Konzept geraten.

Oder aber es ändert sich etwas an den Rahmenbedingungen – eine Unterbrechung oder am Timing verändert sich doch noch etwas. Sie sollten daher auf der Hut sein und immer darauf achten, ob Sie noch auf Augenhöhe sind und ausreichend Gesprächsmacht und Kontrolle besitzen. Und wenn Sie feststellen, dass dem nicht so ist, dann können Sie die folgenden Taktiken anwenden, um das zu ändern und das Machtgefüge wieder ins rechte Lot zu setzen.

64. FÜHREN SIE MIT FRAGEN

Das vermutlich bei weitem wichtigste Instrument, nicht nur was die Gesprächskontrolle angeht, sondern im Verkauf und der Gesprächsführung allgemein, sind Fragen. Fragen sind extrem vielfältig in allen Phasen eines Gespräches – im Verkauf oder auch ganz anderen Bereichen – einsetzbar. Wenn es nur eine Sache gäbe, die Sie als professioneller

Kommunikator unbedingt beherrschen sollten, dann wäre es, gute Fragen zu stellen und das ganz bewusst und gezielt.

Wer fragt, der führt!

... heißt es nicht umsonst.

Wir haben über Fragen schon kurz an zwei oder drei Stellen in diesem Buch gesprochen und werden es auch später noch einmal tun – was zeigt, wie wichtig sie sind. An dieser Stelle hier möchte ich ein wenig tiefer in die unglaublich spannende Materie der Fragen einsteigen. Das Thema ist übrigens so groß und vielfältig, dass ich ein eigenes Buch „Gut gefragt ist halb verkauft" dazu geschrieben und in inzwischen 4 Sprachen publiziert habe. Auf die Gefahr hin, zu viel Eigenwerbung zu machen (ich hoffe, Sie sehen mir das nach), möchte ich Ihnen das Buch unbedingt ans Herz legen. Den Link dazu finden Sie auf der Ressourcenseite zu diesem Buch.

In diesem Buch hier möchte ich auf ein paar der wichtigsten Einsatzmöglichkeiten für Fragen eingehen, die Ihnen dabei helfen, mehr Kontrolle zu bekommen bzw. diese – und das ist häufig noch wichtiger – wieder zurückzuerhalten.

Präsuppositionen / Vorannahmen

Etwas, das sich in vielen Fragen versteckt – und zwar ohne, dass es uns im Normalfall bewusst ist – sind Vorannahmen, auch Präsuppositionen genannt. Diese können sehr gut zur Steuerung von Gesprächen eingesetzt werden. Sie üben eine häufig unbewusst suggestive Wirkung aus.

Klassische, oberflächliche Suggestivfragen wie:

- *„Sie finden doch auch, dass das ein Vorteil für Sie ist!?"*

werden leicht durchschaut. In Gerichtsfilmen ist das dann auch immer die Stelle, an der der gegnerische Anwalt sagt: „Einspruch, Suggestivfrage", und damit Recht bekommt.

Sehr viel wirksamer formulieren Sie diese Frage mit eine versteckten Vorannahme:

- *„Welche Vorteile sehen Sie denn in unserer Lösung?"*

Die Vorannahmen – es sind häufig mehrere –, die dabei stillschweigend als Fakt dargestellt werden, sind:

- Es gibt Vorteile in dieser Lösung,

- es sind sogar mehrere Vorteile und

- der Kunde sieht sie.

Wenn der Kunde darauf mit Vorteilen antwortet, die er sieht, dann hat er die Vorannahmen, die Sie definiert haben, akzeptiert. Darüber hinaus sind Vorteile, die der Kunde selbst sieht und nennt, sehr viel wirksamer und gewichtiger als solche, die der Verkäufer aufzählt. Schließlich ist das der Job des Verkäufers.

Stellen Sie keine OB-Fragen

Wenn Sie ein Gespräch lenken und steuern wollen, stellen Sie keine OB-Fragen – auch geschlossene Fragen genannt. Es sind Fragen, auf die man typischerweise mit „Ja" oder „Nein" antwortet. Eine Ob-Frage ist in unserem Beispiel:

- *„Sehen Sie Vorteile in dieser Lösung für sich?"*

Diese Frage beinhaltet keine hilfreichen Vorannahmen. Der Kunde könnte natürlich sagen: „Ja, die sehe ich", und diese sogar aufzählen. Doch die Gefahr, dass er mit „Nein" oder „Noch nicht" antwortet, ist bei dieser Art der Fragestellung deutlich größer.

Nutzen Sie Alternativfragen

Eine Art zu fragen haben wir uns bei der Terminvereinbarung und bei der Taktik des Termintrichters bereits angesehen – die Alternativfragen. Diese eignen sich auch sehr gut zur Lenkung und Kontrolle eines Gesprächs.

Bei einer Alternativfrage werden die Antwortalternativen, meist 2, manchmal auch 3, in der Frage vorgegeben. Der Gesprächspartner kann sich dann scheinbar nur noch zwischen den vorgegebenen Alternativen entscheiden.

Ein Beispiel:

- *„Wollen Sie ein Frühstücksei?"* – ist eine geschlossene Frage (OB-Frage). Die möglichen Antworten darauf;
    - *„Ja, bitte."*
    - *„Nein, danke."*
    - *„Könnte ich vielleicht 2 haben?"* (wenn jemand mehr Hunger hat)

Diese Frage als Alternativfrage formuliert, lautet zum Beispiel:

- *„Wollen Sie ein oder zwei Frühstückseier?"* Die häufigsten Antworten darauf:
    - *„Gerne eines, bitte."*
    - *„Ja, bitte zwei."*

Natürlich könnte der Gast auch sagen:

- *„Dürfte ich bitte drei haben."* (wenn er sehr hungrig ist) oder

- *„Nein, danke, ich mag keine Eier."* Doch es wird Gäste geben, die sich nicht ganz sicher sind, ob sie eines wollen oder keines und dann vielleicht antworten: *„Na gut, bringen Sie mir eines."*

Genau diese Fragen wurden im Rahmen einer verhaltenspsychologischen Studie gestellt. Was denken Sie, ist dabei herausgekommen? In welcher Situation wurden mehr Eier verkauft, in der ersten mit der Ob-Frage oder in der zweiten, in der die Alternativfrage gestellt wurde? – Richtig! In der Zweiten – und zwar deutlich mehr. Das einfach nachvollziehbare Beispiel zeigt, wie gut Alternativfragen als Steuerungsinstrumente eingesetzt werden können.

Dabei müssen Sie nicht immer diese verkaufspsychologisch besonderen Fragen stellen, die wir soeben besprochen haben. Sie sollten ganz generell alle möglichen Arten von Fragen stellen, um den Bedarf Ihres Kunden zu erfahren und seine (tiefer sitzenden) Bedürfnisse und Motive kennenzulernen.

Fragen stellen sollte in Gesprächen – im Verkauf und anderen Situationen – Ihr Default-Modus sein. Das heißt, die Art und Weise, wie Sie sich verhalten, wenn Sie nicht gerade bewusst und gezielt etwas anderes tun. Bei den vielen Fragen sollten Sie natürlich eines nicht außer Acht lassen oder vergessen: gut, sehr gut und genau zuzuhören und mit Ihrer gesamten Aufmerksamkeit bei Ihrem Gegenüber und dem, was er antwortet, sein.

Allein dadurch wird es Ihnen leicht fallen, Gespräche auf Augenhöhe zu führen und diese in weiten Bereichen zu lenken und zu kontrollieren.

65. ENTSPANNEN SIE SICH

Über Körpersprache hatten wir im ersten Abschnitt schon einmal gesprochen. An dieser Stelle eine kleine Auffrischung, die nicht nur aber auch mit Körpersprache zu tun hat. Viele Verkäufer stehen unter Druck. Sie wollen dem Kunden schließlich etwas verkaufen. Der Kunde – oft entspannt zurückgelehnt – hat die besseren Karten in Sachen Macht und hört sich mal an, was der Verkäufer so zu sagen hat.

Nehmen Sie daher den Druck raus und entspannen Sie sich. Sie wollen, aber der Kunde muss auch wollen, sonst wird aus dem Geschäft nichts. Lehnen Sie sich zurück, atmen Sie tief durch, stellen Sie Fragen und hören Sie aufmerksam zu. Das erdet Sie und gibt Ihnen Macht. In diesem Zustand können Sie sehr viel besser auf Augenhöhe sprechen.

66. FORDERN SIE KLARSTELLUNG UND HALTEN SIE INFORMATIONEN FEST

Wenn Ihr Gesprächspartner auf eine Ihrer Fragen antwortet oder etwas sagt, was für den Verlauf des Verkaufsgespräches oder sein Ergebnis wichtig ist, dann halten Sie das fest. Fragen Sie noch einmal nach, nicht um neue Informationen zu erhalten, sondern um das, was er gesagt hat, zu wiederholen und vielleicht noch ein Detail zu klären und es so klarzustellen. Halten Sie es dann fest, indem Sie es notieren. Dadurch wird dem Gesprächspartner auch klar, dass er das, was er gesagt hat, nun schwer zurücknehmen kann, selbst wenn er es wollte. Durch das Notieren nutzen Sie auch wieder die Macht des Protokolls.

Ein Beispiel dazu:

- Verkäufer: *„Was ist Ihnen wichtig in Bezug auf Ihre neuen Fenster?"*
Kunde: *„Sie müssen schallisolierend sein."*
Verkäufer: *„Was meinen Sie genau damit?"*

> Kunde: *„Wir haben eine stark befahrene Straße direkt vor unserem Haus und wollen, dass wir den Verkehr mit den neuen Fenstern deutlich weniger hören."*
> Verkäufer: *„Woran würden Sie das konkret merken?"*
> Kunde: *„Wenn wir den Fernseher weniger laut aufdrehen müssen, um zu verstehen, was gesagt wird."*
> Verkäufer: *„Das heißt, wenn ich Sie richtig verstehe, ist es Ihnen wichtig, die Lärmbelastung durch die Straße zu reduzieren und dadurch etwas leiser fernsehen zu können?"*
> Kunde: *„Ja."*

In dieser Gesprächssequenz kommen ein paar der Taktiken kombiniert zum Einsatz, die dazu beitragen, die Kontrolle im Gespräch zu haben. Der Verkäufer hat ausschließlich Fragen gestellt und dadurch geführt. Er hat nochmals nachgefragt und so noch mehr Informationen erhalten, die für das Verkaufsgespräch wichtig sind, da er sie etwas später für Nutzenargumente verwenden kann. Und er hat durch das Notieren der Informationen die Macht des Protokolls angezapft.

67. STELLEN SIE IHREN KUNDEN VOR SCHRIFTLICHE TATSACHEN

Abgesehen von der eben beschriebenen Taktik des Protokollierens können Sie das Aufschreiben auch noch anderweitig als Taktik nutzen, um mehr Dominanz an den Tag zu legen. So können Sie zum Beispiel Forderungen verschriftlichen, anstatt diese nur mündlich vorzubringen.

Dabei gibt es zwei Vorgehensweisen: Einerseits können Sie diese in Ihr Angebot bzw. Ihre Präsentation oder andere vorbereitete Unterlagen einbauen. Andererseits können Sie aber auch Dinge im Gespräch auf einem Block aufschreiben und dem Kunden vorlegen. Tun Sie das eher in größerer, kräftiger Schrift – ein dicker Stift wäre gut – und unterstreichen Sie es mit Worten wie: *„Also das ist das Maximum, das ich Ihnen bieten kann."*

Auch, wenn es inhaltlich dieselbe Information ist wie das gesprochene Wort, hat die Schriftform doch eine stärkere Wirkung. Wenn etwas aufgeschrieben ist, dann wirkt es auch weniger oder gar nicht mehr verhandelbar. Mit dem geschriebenen Wort üben Sie also noch mehr Macht aus als nur mit dem Gesprochenen.

68. SPIELEN SIE DEN BALL AN DEN KUNDEN

Wenn wir von der Kontrolle im Gespräch und der Gesprächsführung sprechen, dann verbinden viele Verkäufer das standardmäßig mit der Vorstellung, dass sie permanent in der aktiven Rolle sein müssen. Sie müssen Informationen liefern, den Kunden bei Laune halten und eine Beziehung zu ihm herstellen, Sie müssen Einwände, die der Kunde ggfs. bringt, bearbeiten und auflösen und noch sehr viel mehr. Alles in allem ist das eine anstrengende Sache.

Und nicht, dass Sie als Verkäufer das alles nicht tun können und auch dürfen, aber das müssen Sie nicht. Schließlich gibt es auch noch den Kunden in diesem Spiel. Er kann schließlich auch einen Teil der Arbeit übernehmen. Das bedeutet nicht, dass Sie die Gesprächsführung abgeben. Ganz im Gegenteil. Wenn Sie Ihre Arbeit als Verkäufer an den Kunden delegieren, stärken Sie Ihre Machtposition. Schließlich sind es Vorgesetzte, die an Mitarbeiter delegieren oder auch Eltern an ihre Kinder. Und die Delegation wirkt in beide Richtungen. Einerseits kann nur von oben nach unten delegiert werden, andererseits aber etabliert oder verstärkt das Delegieren auch eine Über- und Unterordnung.

Ein konkretes Beispiel dazu, damit Sie besser verstehen, was ich meine. Nehmen wir einmal an, es geht um die Durchführung von Trainingsmaßnahmen für Vertriebsmitarbeiter eines größeren Unternehmens mit dem Ziel, höhere Preise durchsetzen zu können und so die Margen zu erhöhen – eine Situation, die ich aus meiner eigenen Praxis sehr gut kenne. Der Kunde hat vielleicht 2 oder 3 Anbieter eingeladen, um sich diese anzusehen und dann eine Entscheidung zu treffen, mit wem er arbeiten möchte. Normalerweise würde man annehmen, dass der Verkäufer dem Kunden erklären muss, warum er „das Recht hat" hier zu sein und dieses Gespräch mit dem Kunden zu führen.

Viele beginnen so ein Gespräch damit, sich zu bedanken, dass sie hier sein dürfen, zu erklären, wer sie sind, und das Unternehmen vorzustellen. Dabei schwingt sehr schnell eine gewisse Rechtfertigung dafür mit, dass der Verkäufer hier ist und dieses Gespräch führen darf. Dadurch werden die anfänglichen Machtverhälnisse zugunsten des Kunden möglicherweise noch verstärkt.

Wenn Sie hingegen den Ball an den Kunden spielen oder zurückspielen, könnte die Gesprächssequenz folgendermaßen verlaufen:

> Kunde: *„Na, Herr Mustermann, was haben Sie mir denn Schönes mitgebracht?"*
>
> Verkäufer: *„Das kann ich Ihnen noch nicht sagen, aber dazu kommen wir sicher noch. Was mich vorher interessieren würde, ist: Warum bin ich denn eigentlich hier? Sie müssen sich ja etwas dabei gedacht haben, als Sie mich zum Termin eingeladen haben* (alternativ: *als Sie einem Termin mit mir zugestimmt haben)."*

Damit hat der Verkäufer den Spieß umgedreht und seine Position deutlich gestärkt. Statt dem Kunden erklären zu müssen, dass er das Recht hat, hier zu sein, muss der Kunde nun erklären, warum er ihn eingeladen hat. Dieser wird dabei Gründe liefern, die für den Anbieter sprechen und das ist – wie an früherer Stelle schon einmal erwähnt – sehr viel effektiver, als wenn der Verkäufer das macht.

69. ERINNERN SIE AN DAS ZIEL

Nachdem Sie eingangs Ihr Ziel für das Gespräch genannt haben, ist es hilfreich, im Verlauf des Gesprächs Ihren Gesprächspartner an passender Stelle immer wieder daran zu erinnern.

- *„**Wir** wollen die Sache ja heute abschließen."* – Was vielleicht nicht 100 % korrekt ist, weil Sie das wollen und der Kunde nur nicht widersprochen hat. Aber derartige kleine Umdeutungen (Reframings) sind im grünen bis leicht grauen Bereich und somit in Ordnung.

- *„Ich hatte ja erwähnt, dass ich heute XY möchte."*

- *„Welche Fragen sind denn aus Ihrer Sicht offen, die wir noch klären müssen, um die Sache zu finalisieren?"*

So oder so ähnlich könnten kleine Erinnerungen an das Ziel klingen. Damit demonstrieren Sie auch Ihre Zielorientierung und Ihr Commitment (Selbstverpflichtung) und sagen: *„Ich weiß ganz genau, wo ich hinwill bzw. was ich erreichen will."*

Aber Achtung: Übertreiben Sie diese Taktik nicht, indem Sie sie zu häufig einsetzen.

70. NUTZEN SIE DIE MACHT DES SCHWEIGENS

Eine sehr wirkungsvolle und gleichzeitig rhetorisch sehr einfache Taktik ist es, nichts zu sagen, zu schweigen. Rhetorisch einfach, bedeutet aber nicht immer auch einfach umsetzbar. Zu schweigen und Ihrem Gegenüber dabei auch noch in die Augen zu blicken, erfordert Disziplin und ein wenig Mut. Schweigen erzeugt Druck in einem Gespräch – interessanterweise auf alle Beteiligten – auf den Schweigenden gleichermaßen wie auf den Angeschwiegenen. Und der,

der das Schweigen leichter bzw. länger aushält, zeigt dadurch mehr Stärke und gewinnt an Macht.

Besonders nach Fragen, die Sie stellen, lässt sich das Schweigen sehr gut einsetzen. Warten Sie, bis Ihr Gegenüber antwortet. Schließlich stellen Sie die Frage ja genau deshalb. Wenn Sie es nicht aushalten und sich Ihre Frage selbst beantworten, geben Sie Macht ab. Nicht nur, aber speziell bei heiklen Fragen – wie zum Beispiel im Abschluss oder im Preisgespräch – passiert es häufig, dass der Verkäufer klein beigibt und weitere Argumente liefert, beginnt sich für die Frage zu rechtfertigen oder sich selbst die Antwort gibt.

Doch auch wenn Sie etwas gefragt werden, können Sie das Schweigen gezielt und bewusst einsetzen, um ein paar Machtpunkte zu sammeln. Lassen Sie sich Zeit mit der Antwort. Denken Sie nach und antworten Sie überlegt und mit Bedacht. Das Schweigen gibt Ihnen nicht nur Zeit zum Nachdenken, sondern lässt Sie auch stärker wirken.

Ein kleiner Trick, mit dem Ihnen das Schweigen leichter fallen wird. Wenn Sie zum Beispiel eine wichtige oder gar entscheidende Frage gestellt haben und danach ganz bewusst schweigen wollen, greifen Sie zu einem Glas Wasser oder einem anderen Getränk und trinken Sie in kleinen, langsamen Schlucken. Auf diese Art und Weise sind Sie beschäftigt und das Schweigen fällt Ihnen leicht. Trinken und sprechen gleichzeitig geht schließlich nicht. Ihr Gegenüber hat diese Möglichkeit nicht zur Verfügung, weil er nicht darauf vorbereitet ist und gar nicht weiß, was gerade abläuft. Er ist dem vollen Druck des Schweigens ausgesetzt.

71. FASSEN SIE ZUSAMMEN

Eine sehr gut und einfach einzusetzende Gesprächstaktik, die demonstriert, dass Sie die Kontrolle im Gespräch haben, sind Zusammenfassungen. Das können ganz kleine, kurze sein, die Sie zwischendurch immer wieder einbauen können. Manchmal sind es aber auch größere, umfangreichere. So können Sie zum Beispiel die Agendapunkte, die bereits besprochen wurden und deren Ergebnisse unter Zuhilfenahme der schriftlichen Agenda zusammenfassen. Oder aber Sie beziehen sich auf Ihre Mitschriften und nutzen die Macht des Protokolls, um wichtige Ergebnisse nochmals zusammenzufassen.

72. STELLEN SIE CHECKING-FRAGEN

Kombinieren Sie solche Zusammenfassungen – die kleinen und auch die umfangreicheren – idealerweise immer mit sogenannten Checking-Fragen, mit denen Sie sich die Bestätigung, das Ja oder das Ok des Kunden abholen.

- *„Habe ich das alles so richtig notiert? "*

- *„Stimmt das alles so?*

... so könnte diese Art von Fragen aussehen. Diese Fragen unterstützen wieder Ihre Gesprächsmacht (wer fragt, der führt) und stellen auch sicher, dass Sie tatsächlich alles richtig verstanden und notiert haben.

73. GEBEN SIE DEM KUNDEN RATSCHLÄGE

Mit Ratschlägen ist es ein wenig wie mit Lob. Gelobt wird, wie erwähnt, von oben nach unten. Bei Ratschlägen verhält es sich genauso. Der, der jemand anderem einen Ratschlag gibt, ist der, der – in dieser Sache zumindest – besser Bescheid weiß und / oder mehr Erfahrung hat. Sollte Sie Ihr Kunde um Rat fragen, erkennt er diesen Umstand bereits von sich aus an.

Sie können Ratschläge aber auch ungefragt geben. Aber Achtung: Tun Sie das nur vorsichtig. Die Gefahr, dabei auf Widerstand zu stoßen oder belehrend zu wirken, besteht durchaus. Wenn Sie es aber schaffen,

Ratschläge zu erteilen, ohne dabei einen unsympathischen Eindruck zu hinterlassen, und diese von Ihrem Gesprächspartner auch akzeptiert werden, dann erhöht das Ihren Status und verschiebt das Machtgefüge zu Ihren Gunsten.

+++++

Das waren die Taktiken und Instrumente, die Sie in mehr oder weniger jedem Gespräch einsetzen können, auch wenn es ganz ruhig und ganz ohne Machtgerangel verläuft. Dennoch ergibt es Sinn, dafür zu sorgen, dass das auch so bleibt und darauf zu achten, die Zügel – vielleicht locker, aber dennoch – in der Hand zu halten. Doch was, wenn es nicht so ruhig und glatt abläuft? Was, wenn Sie Gefahr laufen, die Kontrolle im Gespräch zu verlieren, oder das sogar bereits geschehen ist? Was Sie in diesen Fällen machen können, darauf werden wir im nächsten Abschnitt genauer eingehen.

Eine kleine Bitte

Nachdem Sie jetzt schon mehr als die Hälfte dieses Buchs gelesen haben, eine kurze Frage: Wie gefällt es Ihnen? Haben Sie sich bereits die eine oder andere Taktik vorgemerkt oder vielleicht sogar schon angewendet?

Für ein Buch – und natürlich auch für mich als Autor – ist das Feedback der Leser sehr wichtig. Einerseits dient es weiteren potenziellen Lesern als Orientierung, andererseits hilft es mir, das Buch bei der nächsten Auflage noch besser zu gestalten.

Ich möchte Sie daher bitten, Ihre Rezension auf Amazon oder der Plattform Ihrer Wahl zu hinterlassen. Sollten Sie kritische Anregungen oder Ideen haben, dann wäre es darüber hinaus sehr hilfreich, wenn Sie diese per E-Mail an <u>service@romankmenta.com</u> senden.

Warum ich Sie bereits jetzt und nicht erst am Ende des Buches um Ihre Rezension bitte? Ich habe die Erfahrung gemacht, dass so etwas am Ende leicht untergeht. Und natürlich freut es mich ebenso, wenn Sie das Buch zuerst fertig lesen und es dann rezensieren. Wie auch immer Sie es machen wollen – vielen herzlichen Dank!

Kontrollverlust während des Gesprächs

In einem Gespräch, einem ganz normalen Verkaufsgespräch mit einem Stammkunden, einem Erstgespräch mit einem potenziellen neuen Kunden oder auch in heikleren Gesprächssituationen wie Verhandlungen über Preise und Konditionen kann alles Mögliche geschehen, das Ihre schönen Pläne für den Gesprächsverlauf ins Wanken bringt oder auch vollkommen über den Haufen wirft.

Aus meiner eigenen Erfahrung und aus der vieler anderer Verkäufer, mit denen ich in den letzten Jahrzehnten gearbeitet habe, sind das vor allem folgende ungeplante und unerwartete Vorkommnisse oder (unbewusste oder absichtliche) Aktivitäten der Gesprächspartner:

- Unterbrechungen jeglicher Art

    - Das Telefon läutet und Ihr Gesprächspartner hebt ab und führt ein Telefonat.
    - Eine unbeteiligte Person betritt den Raum und verwickelt Ihren Kunden in ein Gespräch …
    - … das auch dazu führen kann, dass Ihr Gesprächspartner den Raum verlässt, weil er woanders dringend gebraucht wird.

- Ihr Kunde hat doch nur sehr viel weniger Zeit als ursprünglich vereinbart.

- Ihr Gesprächspartner ist unkonzentriert oder abgelenkt und schaut auf die Uhr oder spielt mit dem Smartphone.

- Ihr Kunde ist extrem wissbegierig, was an sich nicht schlecht ist, und bringt Sie durch viele Fragen aus dem Konzept, oder aber

- Ihr Gegenüber schlüpft in die Rolle des etwas härteren und fordernden Kunden bzw. Verhandlers, stellt Forderungen und versucht, Sie gezielt aus dem Konzept und von Ihrem Plan abzubringen.

Sind das Situationen, die Sie auch schon einmal erlebt haben? Vermutlich auch noch ein paar andere, sogar noch unangenehmere. Ich denke, dass diese Beispiele den Großteil der schwierigeren Situationen in Ihrer Realität abdecken sollten. Die Taktiken und Vorgehensweisen, die wir uns dafür ansehen werden, lassen sich dann auch auf andere Fälle, die wir hier nicht explizit besprechen, sinngemäß sehr gut anwenden.

Sollten Sie Fälle haben, auf die dieses Buch keinerlei Ideen oder Antworten bietet, dann schicken Sie mir gerne eine Nachricht an service@romankmenta.com. Ich bin immer interessiert an Themen, um dieses Buch bei einer nächsten Auflage noch vollständiger und besser zu machen, und freue mich, wenn ich Ihnen auf diesem Weg vielleicht helfen kann.

Umgang mit Unterbrechungen

Die vermutlich häufigsten problematischen Situationen, die in Gesprächen vorkommen, sind Unterbrechungen. Wie erwähnt kann das alles Mögliche sein, ein Telefon, das läutet und abgehoben wird, ein Messenger, der sich durch ein Ping bemerkbar macht und Aufmerksamkeit verlangt, oder eine Person, die in den Raum kommt und etwas von Ihrem Gesprächspartner braucht oder will.

Bei all diesen Unterbrechungen ist es grundlegend wichtig, die Situation einzuschätzen und zu unterscheiden, ob die Unterbrechung zufällig oder aus Undiszipliniertheit zustande kommt oder aber eine gezielte Strategie ist, um Sie zu verwirren und von Ihrem Konzept abzubringen. Erstes ist relativ einfach handzuhaben. Bei der zweiten, absichtlichen und gezielten Variante müssen Sie mit deutlich schwereren Geschützen auffahren, um die Kontrolle über die Situation und das Gespräch nicht zu verlieren.

Wenn Sie vielleicht immer nur mit Endverbrauchern zu tun haben, die die meiste Zeit über nett und unkompliziert sind, können Sie es sich vielleicht gar nicht vorstellen, dass jemand etwas wie Unterbrechungen in Gesprächen mit dem Ziel inszenieren könnte, den Verkäufer aus dem Konzept zu bringen. Doch glauben Sie mir, aus eigenen Erfahrungen und Erzählungen vieler anderer Verkäufer wird das von Verhandlungsprofis im Einkauf durchaus gemacht – und das ist bei weitem nicht das Schlimmste.

Sehen wir uns daher die einzelnen Arten von Unterbrechungen etwas genauer an und überlegen uns gemeinsam, wie Sie damit umgehen können, um keinen Nachteil daraus davonzutragen.

74. GREIFEN SIE SELBST AUCH ZUM TELEFON

Etwas, das wir alle schon oft gemacht haben (da nehme ich mich keinesfalls aus) ist es, ein Telefonat anzunehmen, obwohl wir gerade mit jemandem sprechen, der uns gegenübersitzt. Das ist zwar – beruflich wie privat – sehr verbreitet, aber dennoch sehr unhöflich. Eigentlich zeigen wir dadurch, dass uns derjenige, der anruft, wichtiger ist als der, der uns gegenüber sitzt und mit dem wir bereits sprechen. Aber wie gesagt, die meisten tun das dauernd.

Wenn das allerdings in einem beruflichen 4- oder 6-Augen-Gespräch stattfindet, übersteigt das die simple, versteckte Unhöflichkeit jedoch deutlich. Es ist unprofessionell und gleichzeitig auch eine Demonstration der eigenen Macht. Oder meinen Sie, wenn der Statusunterschied sehr groß wäre, wie etwa in einem Gespräch zwischen der Vorstandschefin und dem Lehrling, dass der Lehrling so locker abheben würde, wenn sein Smartphone läutet? Vermutlich nicht. Die Vorstandschefin hingegen kann das, ohne mit der Wimper zu zucken, tun, und ohne dabei ein schlechtes Gewissen haben zu müssen.

Schließlich ist Ihr Status so viel höher, sodass Sie sich so etwas ganz leicht erlauben kann.

Und wie bei manchen anderen Taktiken auch kann das Annehmen eines Telefonats in so einer Situation den Status erhöhen und die Gesprächsmacht verstärken. Und genau das passiert, wenn Ihr Gegenüber das macht, vor allem dann, wenn er dann auch noch das Telefonat tatsächlich führt, statt peinlich berührt zu sein und den Anrufer rasch abzuwimmeln.

Was können Sie in so einer Situation nun unternehmen, um nicht zu viel Macht zu verlieren? Wenn Sie meinen, dass der Kunde das absichtlich macht (es vielleicht sogar inszeniert hat), tatsächlich entspannt telefoniert, und das vielleicht sogar schon zum zweiten Mal, dann ist eine Interventionsmöglichkeit für Sie, selbst zu telefonieren.

Rufen Sie jemanden an (oder tun Sie zumindest so als ob) und sprechen Sie mit dieser Person. Sie können dabei auch aufstehen und sich ein paar Schritte vom Besprechungsplatz entfernen. Gut passend wäre es auch, wenn Sie die Person anrufen, bei der Sie den nächsten Termin haben, um dieser mitzuteilen, dass es zeitlich ein wenig eng werden könnte, weil Sie sich in einem anderen Termin befinden, der ungeplant ein wenig länger dauert. Sagen Sie, dass Sie sich möglicherweise ein paar Minuten verspäten, sich aber bemühen, pünktlich zu sein. Damit teilen Sie beiden, dem aktuellen und auch dem zukünftigen Gesprächspartner mit, dass Ihre Zeit rar und entsprechend kostbar ist und Sie eine gefragte Frau bzw. ein gefragter Mann sind.

Erlauben Sie es sich dabei, ein wenig länger zu brauchen als Ihr Gesprächspartner. 5 bis 10 Sekunden mehr reichen. Dabei geht es einfach nur darum, ein Zeichen zu setzen, das sagt: Ich bestimme hier, wann wir weitermachen und so Stärke zu zeigen. Wenn Sie sich erinnern: Wir hatten eine vergleichbare Situation schon beim Warten vor dem Termin.

Die sanftere, weniger dominante Variante zum Telefonat wäre es, sein Telefon zu checken, und ein paar Mails oder andere Nachrichten zu lesen und zu beantworten. Auch dafür können Sie dann ein klein wenig länger brauchen als Ihr Gegenüber.

Wenn Ihr Kunde zwar kein Telefonat annimmt, sondern Textnachrichten liest und vielleicht sogar beantwortet, während er mit Ihnen spricht und das vielleicht sogar noch während er tippt, kommentiert mit: *„Reden Sie nur weiter, ich höre Ihnen zu!"* dann ist das – aus meiner Sicht – noch unhöflicher bzw. frecher als ein Telefonat anzunehmen.

Auch dafür können Sie bzw. sollten Sie sogar unbedingt die besprochenen Taktiken einsetzen.

75. GEHEN SIE ZUR TOILETTE

Eine andere Taktik, die Sie anwenden können, wenn Ihr Gespräch unterbrochen wird – durch ein Telefonat oder auch eine andere Person – ist es, zur Toilette zu gehen. Signalisieren Sie Ihrem Gesprächspartner, wohin Sie gehen und lassen Sie sich so viel Zeit, dass Sie relativ sicher sein können, dass der andere nun auf Sie warten muss, statt umgekehrt.

76. SCHLAGEN SIE EINEN NEUEN TERMIN VOR

Sollten die Unterbrechungen – vielleicht sogar dieselben – mehrmals stattfinden, reichen die genannten Strategien vermutlich nicht mehr. In dem Fall ist es wichtig, dass Sie ein klares Signal setzen. Ansonsten laufen Sie Gefahr, Ihre Macht komplett abzugeben und nur der Spielball Ihres Gesprächspartners zu sein. Schlagen Sie in solchen Fällen zum Beispiel vor, das Gespräch zu unterbrechen und zu einem anderen Termin fortzusetzen. Vereinbaren Sie diesen auch gleich, idealerweise mit dem weiter vorne im Buch bereits besprochenen Termintrichter.

Und das können Sie zum Beispiel so formulieren:

- *„Liebe Frau Musterfrau, ich habe das Gefühl, dass es bei Ihnen gerade zeitlich ganz schlecht passt, dieses Gespräch mit mir zu führen. So gerne ich auch mit Ihnen sprechen würde, ergibt das keinen Sinn und ist Zeitverschwendung für uns beide. Ich schlage daher vor, dass wir uns einen neuen Termin vereinbaren, an dem Sie mehr Zeit und Ruhe für so ein Gespräch haben, und an dem wir dann unser Gespräch fortsetzen. Wie sehen Sie das?"*

Ihr Kunde kann auf diesen Vorschlag nun auf zwei Arten reagieren. Er nimmt den Vorschlag dankend und vielleicht sogar erleichtert an (ihm ist das ohnehin auch schon vorgeschwebt). Dies wird vor allem bei echten Unterbrechungen der Fall sein. Oder aber er entschuldigt sich und gelobt Besserung, bittet Sie aber, das Gespräch jetzt weiterzuführen.

Egal ob Variante 1 oder 2, Sie bekommen dadurch wieder mehr Kontrolle über den weiteren Verlauf des Gespräches bzw. des Prozesses.

77. GEHEN SIE AUSSER HAUS

Vor allem dann, wenn etwa Mitarbeiter Ihres Kunden immer wieder in Ihr Gespräch platzen, weil Sie dringend etwas von ihm benötigen (was natürlich ein großes Führungsdefizit aufzeigt), könnten Sie auch vorschlagen, Ihr Gespräch an einem anderen Ort außerhalb seines Büros fortzusetzen.

Wie schon im ersten Abschnitt erwähnt, stellt das auch eine Möglichkeit dar, sich der Wirkung der Hausmacht des Kunden zu entziehen, speziell dann, wenn Sie den anderen Besprechungsort (in den meisten Fällen ein Lokal) wählen und die Rechnung dafür übernehmen.

78. BEGINNEN SIE EINZUPACKEN

Quasi als Einleitung, als Vorspiel zu den beiden soeben besprochenen Taktiken, können Sie beginnen, zusammenzupacken noch während Ihr Gesprächspartner mit der Unterbrechung beschäftigt ist. Damit setzen Sie ein deutliches nonverbales Zeichen.

Daran schließen Sie dann zum Beispiel den eben besprochenen Vorschlag, einen neuen Termin zu vereinbaren, zu dem der Kunde mehr Zeit und weniger Stress hat.

79. BITTEN SIE DEN MITARBEITER, NICHT GESTÖRT ZU WERDEN

Eine Taktik, die vermutlich in den allermeisten Fällen ein zu viel des Guten darstellen und leicht als übergriffig ausgelegt werden kann, ist die folgende: Wenn ein Mitarbeiter Ihres Kunden etwa in die Besprechung hereinplatzt, bitten Sie diesen, seinen Kollegen zu sagen, dass Sie im Gespräch sind und die nächsten 30 Minuten gerne ungestört bleiben würden.

Die Anweisung (oder auch Zurechtweisung) ist an sich Aufgabe Ihres Kunden. Ihm steht das Recht zu, das zu sagen, Ihnen im Grunde nicht. Ihr Kunde zeigt Schwäche, wenn er nicht selbst deutlich interveniert und seinen Mitarbeitern oder Kindern entsprechende Anweisungen gibt. Indem Sie sich dieses Recht herausnehmen, demonstrieren Sie gleichzeitig Macht und übernehmen die Kontrolle über die Situation. Diese Taktik sollten Sie, wenn überhaupt nur in extremen Fällen, anwenden – bei wiederholten Störungen etwa und wenn Sie sehr sicher sind, dass Ihr Gegenüber das mit sich machen lässt.

Formulieren könnten Sie das zum Beispiel folgendermaßen:

- Verkäufer zum Mitarbeiter (der stört): *„Entschuldigung, würden Sie so nett sein und Ihren Kollegen auch sagen, dass wir die nächsten 30 Minuten gerne ungestört bleiben würden (Intonation als Befehl). Ich habe etwas zu besprechen, das unsere volle Aufmerksamkeit benötigt. "*
  Verkäufer zum Kunden: *„Ich hoffe, das ist in Ordnung für Sie und auch in Ihrem Sinne. "* Das können Sie noch hinzufügen, um Ihrer Vorgehensweise ein wenig die Härte und Direktheit zu nehmen.

Auch im Geschäft mit Privatkunden ist diese Vorgehensweise einsetzbar. Die Störenfriede könnten hier zum Beispiel die Kinder sein, die Ihr Gespräch, das Sie bei Ihrem Kunden im Wohnzimmer führen, regelmäßig stören. In diesem Fall ist es sogar weniger gefährlich (vielleicht aber auch weniger wirksam) diese Taktik anzuwenden.

Diese und ähnliche Vorgehensweisen, all jene, bei denen Sie sich ein Recht herausnehmen, das dem Gesprächspartner zusteht (wir haben ein paar ähnliche Dinge bereits besprochen), können eine Machtprobe darstellen, die Sie mit einem Schlag auf Augenhöhe befördern – wenn Sie diese Machtprobe gewinnen. Gleichzeitig sind sie gefährlich, weil Sie damit alle gesammelten Sympathiepunkte auf einmal verspielen können.

Der Kunde ist unkonzentriert

Eine andere Sache, die dazu führen kann, dass Sie aus dem Konzept kommen und nach und nach mehr Kontrolle über das Gespräch verlieren, ist, wenn Ihr Gesprächspartner unkonzentriert ist. Das ist deshalb nicht ungefährlich, weil der Kontrollverlust in diesem Fall schleichend vor sich geht.

Ihr Gegenüber blickt öfter mal auf die Uhr oder auf sein Smartphone. Er ist abgelenkt und scheint in eigene Gedanken versunken, statt mit der

Aufmerksamkeit bei Ihnen und Ihrem Gespräch zu sein. All das sind Kleinigkeiten, die für sich genommen nicht wichtig genug sind, um deshalb Ihrerseits aktiv zu werden. Doch irgendwann ist die Grenze überschritten, ab der sich diese störend auf das Gespräch auswirken. Diese Grenze gilt es zu erkennen. Wenn Sie zu lange damit warten, verlieren Sie zu viel wertvolle Gesprächszeit.

Nehmen wir etwa an, dass Ihr Kunde immer wieder auf die Uhr blickt. Ihnen fällt das auf und Sie fragen sich: *„Warum schaut er auf die Uhr? Hat er zu wenig Zeit? Ist ihm langweilig? Interessiert Ihn das, was ich zu sagen habe, nicht?"* Diese Gedanken können sich aufschaukeln und so immer mehr Ihrer Aufmerksamkeit beanspruchen, die Sie eigentlich für das Gespräch benötigen. Im selben Ausmaß, in dem Sie mit Ihren eigenen Gedanken beschäftigt sind, fällt es Ihnen schwerer, die Kontrolle über die Situation und das Gespräch zu behalten.

Sehen wir uns daher im Folgenden ein paar Taktiken an, die Sie in solchen Fällen nutzen können, um gegenzusteuern und die Kontrolle zu behalten.

80. SPRECHEN SIE DEN KUNDEN DARAUF AN

Sobald Sie meinen, dass die Unkonzentriertheit des Kunden oder das Maß der kleinen Ablenkungen ein gewisses Maß überschritten hat, ist die beste Vorgehensweise jene, den Kunden direkt darauf anzusprechen. Das können Sie zum Beispiel so tun:

- Verkäufer: *„Entschuldigung, wenn ich Sie darauf anspreche, aber ich habe den Eindruck, dass Sie abgelenkt sind. Hat das etwas mit mir zu tun?"*
  Eine gute und sanfte Variante ist es, anzubieten, die Schuld für das Verhalten des Kunden auf sich zu nehmen. So geben Sie ihm eine Möglichkeit, ohne Gesichtsverlust aus der Situation zu kommen.

- In den meisten Fällen wird er so etwas antworten wie (Kunde): *„Nein, Entschuldigung, das hat gar nichts mit Ihnen zu tun. Es gibt da nur ein privates Problem, das mich gerade ein wenig beschäftigt. Es tut mir leid, wenn ich abgelenkt war. Machen Sie ruhig weiter.“*
  Danach wird er vermutlich (eine Zeit lang zumindest) aufmerksamer sein.

Sie können aber auch – wenn Sie der Meinung sind, dass das besser wäre –, einen Schritt weitergehen und anbieten bzw. vorschlagen, das Gespräch auf einen anderen Zeitpunkt zu verschieben.

Was auch immer Sie genau tun, den Kunden darauf anzusprechen, dass er unkonzentriert und abgelenkt ist, bringt Ihnen ein Stück weit mehr Kontrolle im Gespräch und kann es wieder zurück in die geplanten Bahnen lenken.

81. UNTERBRECHEN SIE DAS MUSTER

Etwas, das in den Fällen helfen kann, in denen der Gesprächspartner unkonzentriert und mit seinen Gedanken nicht bei Ihnen und dem Gespräch ist, sind sogenannte Musterunterbrecher. Als Musterunterbrecher kann alles dienen, das Ihr Gegenüber nicht erwartet und das ihn daher überrascht. Was es ist, ist dabei relativ egal – Hauptsache es fällt auf. Es kann sich um einen physischen, visuellen oder auch auditiven Reiz handeln.

Ein paar Beispiele für Musterunterbrecher, die Sie in solchen Situationen verwenden können:

- Lassen Sie etwas zu Boden fallen. Je mehr Lärm es macht, desto besser.

- Legen oder bzw. stellen Sie etwas geräuschvoll auf den Tisch. Das kann zum Beispiel ein dickerer Ordner oder ihr Glas sein.

- Schütten Sie ein Glas Wasser um (so dass Ihre Unterlagen oder die des Kunden nicht durchnässt werden). Wenn der Kunde oder Sie selbst dabei ein wenig abbekommt, ist das nicht weiter tragisch. Schließlich ist es nur Wasser. Die darauffolgenden nötigen Trockenlegungsarbeiten erfordern die volle Aufmerksamkeit Ihres Gegenübers.

- Gehen Sie zur Toilette. Währenddessen können Sie auch über die weitere Vorgehensweise nachdenken.

- Öffnen Sie das Fenster. Das ist vor allem auch dann ein guter Musterunterbrecher, wenn die Unkonzentriertheit des Kunden etwa auf Müdigkeit zurückzuführen ist. Bei Gesprächen nach dem Mittagessen kommt das häufig vor. Da können weniger beschäftigte Teilnehmer an Verkaufsgesprächen in kleinen Gruppen auch schon mal kurz einschlafen.

- Wechseln Sie den Sitzplatz. Passende Begründungen dafür könnten sein, dass Sie die Sonne blendet, dass es zieht oder die Klimaanlage unangenehm ist oder dass Sie näher zum Kunden rücken müssen, um ihm etwas zu zeigen.

- Wechseln Sie – in extremen Fällen – den Ort der Besprechung. Stehen Sie auf und schlagen Sie vor, eine Runde zu gehen, oder fragen Sie nach einem Raum, in dem die Lichtverhältnisse besser für Ihre Präsentation sind bzw. in dem es einen Bildschirm gibt, wo Sie Ihren Laptop anschließen können. Diese Art Musterunterbrecher muss gut vorbereitet sein. Spontan fällt er Ihnen vermutlich nicht ein bzw. ist auch nicht umsetzbar.

Wenn Sie durch den Musterunterbrecher die Aufmerksamkeit wieder zurückbekommen haben, können Sie – vielleicht mit den Worten *„Wo waren wir eben stehengeblieben?"* weitermachen.

82. WECHSELN SIE DAS THEMA

Doch Musterunterbrecher sind nicht nur die im vorhergehenden Punkt aufgezählten Vorgehensweisen, sondern im Grunde auch jene, das Thema zu wechseln. So sorgen Sie inhaltlich für Abwechslung, die dazu führen kann, wieder mehr Aufmerksamkeit des Kunden zu erhalten. Damit weichen Sie zwar vielleicht vom geplanten Gesprächsverlauf ab, bekommen aber wieder ein wenig Schwung und damit auch mehr Kontrolle in Ihr Gespräch.

83. SCHWEIGEN SIE AUCH IN GRUPPEN

Über das Schweigen als Taktik habe ich bereits ausführlich geschrieben. An dieser Stelle möchte ich es deshalb nochmals erwähnen, weil es gerade bei Ablenkungen sehr effektiv eingesetzt werden und gleichzeitig noch eine Facette hinzufügen kann.

Auch ganz ohne eine Frage gestellt zu haben können Sie schweigen. Wenn Ihr Gesprächspartner unaufmerksam oder abgelenkt ist, hören Sie einfach auf zu sprechen. Mitten im Satz ist häufig sogar noch wirkungsvoller. Schweigen Sie dann so lange, bis es Ihrem Gegenüber auffällt und er mit seiner Aufmerksamkeit wieder da ist, wo er sein soll: bei Ihnen und dem Gespräch, das Sie führen. Auf diese Art und Weise fühlt er sich vermutlich auch ertappt und entschuldigt sich für seine Unaufmerksamkeit.

Besonders im Rahmen von Verkaufsgesprächen mit einer Kundengruppe bei Verkaufspräsentationen und Pitches ist das Schweigen, um die Aufmerksamkeit aller (wieder) zu erlangen, eine der wichtigsten und am häufigsten eingesetzte Taktik. Sie gehört zum grundlegenden Handwerkszeug, das Sie für Gruppenveranstaltungen unbedingt immer einsatzbereit haben müssen.

Gerade in Gruppen ist es schwieriger, die Kontrolle über das Gespräch zu behalten. Bei 4 oder mehr Teilnehmern seitens des Kunden gibt es erfahrungsgemäß immer welche, die mit sich selbst beschäftigt und abgelenkt sind, oder sich aber auch mit Ihrem Sitznachbarn austauschen – „schwätzen" haben die Lehrer das in meiner Schulzeit genannt.

Gerade in solchen Situationen ist Schweigen ein exzellentes Mittel, um die Aufmerksamkeit aller Gesprächsteilnehmer wieder auf Sie als Präsentator zu fokussieren. Das beginnt meist schon damit, dass Sie erst dann beginnen, sobald Ruhe in die Gruppe einkehrt und Sie die Aufmerksamkeit aller haben. Im Verlauf eines solchen Verkaufsgespräches mit mehreren Kunden gleichzeitig bzw. einer Verkaufspräsentation ist das Schweigen ein unabdingbares Mittel, um die Gesprächsführung unter Kontrolle zu behalten.

84. AKTIVIEREN SIE SCHWEIGER

Über die Wichtigkeit von Fragen in vielerlei Hinsicht haben wir bereits mehrmals gesprochen. Wenn Sie die Aufmerksamkeit Ihres Gesprächspartners zurückgewinnen wollen, können Sie ihn auch ganz gezielt etwas fragen. Nicht unbedingt (nur) wegen der Information, die Sie aus der Antwort gewinnen können, sondern in diesem Fall, um den Kunden zu zwingen, sich mit der Antwort und damit mit dem Gespräch, das sie beide führen, zu beschäftigen.

Speziell, wenn es auf Kundenseite mehrere Personen sind, mit denen Sie sprechen, gibt es immer welche, die sich weniger ins Gespräch einbringen und einfach nur zuhören oder sogar unaufmerksam und abgelenkt sind. Das bedeutet aber nicht, dass diese nichts zu sagen hätten. Es könnten sogar jene sein, die letztlich die Entscheidung treffen. Um diese zu aktivieren, ist es das beste Mittel, sich mit Fragen direkt an sie zu wenden.

85. KOMMEN SIE DEM KUNDEN ZUVOR

Ihr Gesprächspartner ist unkonzentriert und blickt häufig auf die Uhr. Was bedeutet das? Hat er es eilig? Muss er dringend weg? Natürlich können Sie die vorher beschriebene Taktik des „Darauf Ansprechens" oder eine andere beschriebene Taktik einsetzen. Sie können aber auch etwas anderes tun: Kommen Sie Ihrem Gegenüber zuvor. Wenn seine Zeit knapp ist, dann ist Ihre noch knapper. Bringen Sie das zum Ausdruck, und zwar etwa folgendermaßen:

- Schauen Sie ebenso kurz auf die Uhr und sagen Sie: *„Ist es in Ordnung, wenn ich ein wenig schneller mache? Ich habe nämlich einen Anschlusstermin und möchte mich keinesfalls verspäten. "*

Ihr Kunde wird (erleichtert) zustimmen, weil er auch nicht mehr viel Zeit hat. Aber statt von ihm möglicherweise getrieben und zeitlich gedrängt zu werden, halten Sie die Zügel fest in der Hand, indem Sie die Macht über die Zeit behalten.

86. GEBEN SIE DEM KUNDEN ETWAS ZU TUN

Wann immer Sie dem Kunden etwas zu tun geben können, ist das grundsätzlich gut für Ihre Gesprächsdramaturgie. Auch das ist wieder eine Taktik, um die Zügel im Gespräch in der Hand zu behalten und vielleicht sogar noch etwas zu straffen. Auch das können Sie bzw. müssen Sie sogar vorbereiten, um es dann an der passenden Stelle im Gespräch bzw. wenn die Situation es erfordert, hervorzuzaubern.

Dabei kann es sich um alles Mögliche handeln. Ein paar Beispiele:

- Lassen Sie den Kunden ein Formular mit ein paar Informationen ausfüllen.

- Lassen Sie ihn einen Selbsttest machen und werten dann das Ergebnis – ggfs. gemeinsam – aus.

- Lassen Sie ihn ein Spiel spielen (etwa auf einem Blatt Papier), das natürlich einen Bezug zu dem, was Sie verkaufen, hat und eine Botschaft auf einer anderen Ebene vermittelt.

- Lassen Sie Ihren Gesprächspartner etwas holen. Das kann etwas sein, das inhaltlich zu Ihrem Gespräch passt, oder aber auch so etwas Einfaches wie ein Glas Wasser oder einen Kaffee.

- Lassen Sie ihn etwas physisch testen – die Stärke eines Materials, die Glätte einer Oberfläche, die Feinheit eines Pulvers oder den Geschmack eines Produktes – je nachdem, was Sie verkaufen.

Diese und ähnliche Aktivitäten sollten Sie in Ihrem Verkaufsgespräch ohnehin einplanen. Sie sorgen für mehr Abwechslung und reduzieren die Gefahr, dass Ihr Kunde gedanklich abschweift.

87. SCHLAGEN SIE EINEN NEUEN TERMIN VOR

Über die – letzte – Möglichkeit, mit Störungen umzugehen und einen neuen Termin vorzuschlagen, haben wir bereits gesprochen. Das kann auch eine sinnvolle Vorgehensweise sein, wenn die Ablenkung des Kunden sehr groß und auch mit anderen Mitteln nicht zu ändern ist.

Der Kunde stellt viele Fragen

Kunden, die viele Fragen stellen, zeigen immerhin, dass sie interessiert an der Thematik, die Sie als Verkäufer präsentieren, sind – vorausgesetzt, sie stellen ihre Fragen zu diesem Thema. Und das ist grundsätzlich natürlich eine sehr gute Sache. Doch auch, wenn die Fragen aus purem Interesse heraus gestellt werden – und nicht etwa, weil Ihr Kunde sie als Taktik einsetzt, um Ihnen das Gespräch aus der Hand zu nehmen –, gilt der Grundsatz: Wer fragt, der führt.

Was also können Sie tun, um das Interesse des Kunden zu nutzen und gleichzeitig die Zügel nicht aus der Hand zu geben. Denn genau das passiert häufig. Ich habe das bereits extrem oft erlebt. Ganz rasch etablieren sich dabei die Rollen des Kunden als Fragender und die des Verkäufers als Befragter, als jener, der die Antworten liefert. Wie an früherer Stelle bereits erwähnt, verfestigen sich diese Rollen mit jeder Runde dieses „Frage-Antwort-Spiels".

Verkäufer spielen dabei häufig auch sehr bereitwillig mit. Sie tun das meist deshalb, weil es ihnen gar nicht auffällt, was für eine Art Kommunikationsmuster sich eingeschlichen hat und bereits wiederholt abläuft. Ein weiterer, wichtiger Grund ist aber auch der, dass sich Verkäufer freuen, wenn ihre Expertise gefragt ist und Sie mit Ihrem Fachwissen brillieren können. Sie fühlen sich fast geehrt und geben sich immer mehr Mühe, die besten Antworten zu geben – oft auch auf Fragen, die der Kunde gar nicht gestellt hat. Manche Verkäufer sind – so diese Informationslawine erst einmal losgetreten wurde – kaum mehr zu bremsen und werden letztlich von dieser verschüttet. Was also können Sie tun, um das zu verhindern?

88. STELLEN SIE GEGENFRAGEN

Eine der wichtigsten Fragetechniken, um sich von vielen fragenden Gesprächspartnern die Zügel im Gespräch nicht aus der Hand nehmen zu lassen, sind Gegenfragen. Diese können Sie in verschiedenen Varianten einsetzen.

Die direkte Gegenfrage

Die einfachste Variante ist die direkte Gegenfrage. Ein Beispiel dazu – zuerst eine wenig empfehlenswerte Vorgehensweise:

* Kunde: *„Gibt es das auch in anderen Farben?"*
  Verkäufer: *„Ja, gibt es."*

Kunde: *„Und in welchen?"*
Verkäufer: *„In blau und braun."*
Kunde: *„Kann ich die mal sehen?"*
Verkäufer: *„Ja, gerne, ich bringe sie Ihnen gleich."*

Sie sehen, was ich meine und wohin das führt. Von Gesprächskontrolle für den Verkäufer, wie wir Sie mit diesem Buch anstreben, ist da keine Spur zu bemerken. Ganz im Gegenteil: Nach ein paar wenigen getauschten Worten und kurzen Sätzen hat unser Verkäufer diese komplett an den Kunden abgegeben.

So wird es besser funktioneren:

- Kunde: *„Gibt es das auch in anderen Farben?"*
  Verkäufer: *„Welche Art Farben bevorzugen Sie denn?"*
  Kunde: *„Dunkle wären mir offengesagt lieber."*
  Verkäufer: *„Und welche genau?"*

Auf diese Art und Weise, indem der Verkäufer hier direkte Gegenfragen stellt, behält er die Zügel fest in der Hand.

Doch ich höre immer wieder (wenngleich ich es kaum beobachte), dass manche Menschen nahezu allergisch auf Gegenfragen reagieren. Sie wollen – behaupten sie – eine Antwort, wenn sie eine Frage stellen und keine Gegenfrage des Verkäufers. In einem Gespräch als Teilnehmer involviert: Wenn der Verkäufer geschickt mit Gegenfragen umgeht, wird es denselben Menschen – da bin ich überzeugt – so gut wie nie auffallen, dass der Verkäufer Fragen stellt, ohne zu antworten. Und doch gibt es noch eine etwas sanftere Art, Gegenfragen zu stellen.

Indirekte Gegenfragen

Bei den indirekten Gegenfragen wird – deshalb die Bezeichnung – nicht direkt mit einer Frage gekontert, sondern etwas anderes zuerst vorgeschoben, um dann eine Frage zu stellen.

Dieses andere muss keine Antwort sein, sondern kann zum Beispiel (ganz wie beim professionellen, aktiven Zuhören) einfach nur Verständnis sein.

Unser vorheriges Beispiel könnte in dieser Version etwa so klingen:

- Kunde: *„Gibt es das auch in anderen Farben?"*
Verkäufer: *„**Eine andere Farbe ... das kann ich gut verstehen. Dieses Rot ist nicht jedermanns Sache.** Welche Art von Farben bevorzugen Sie denn?"*

Durch diese Vorgehensweise fühlt sich der Kunde in seinem Wunsch nach einer anderen Farbe verstanden und abgeholt (der fett gedruckte Teil). Wenn dann eine Gegenfrage vom Verkäufer gestellt wird, dann fällt diese als solche noch weniger auf.

Sie können aber statt der Verständnisfloskel bzw. zusätzlich zu dieser auch noch eine Antwort einbauen (der fett gedruckte Teil), bevor Sie Ihre Frage stellen und die Zügel wieder übernehmen. Und das sieht dann folgendermaßen aus:

- Kunde: *„Gibt es das auch in anderen Farben?"*
Verkäufer: *„Eine andere Farbe ... das kann ich gut verstehen. Dieses Rot ist nicht jedermanns Sache. **Es gibt sie auch noch in einem kräftigen Blau und einem Anthrazit Farbton.** Welche Art von Farben bevorzugen Sie denn?"*

Diese Art, Gegenfragen zu stellen ist vor allem dann sehr sinnvoll und zielführend, wenn Sie Produkte oder Dienstleistungen verkaufen, bei denen es viele Varianten, technische Details oder Möglichkeiten gibt, die der Kunde vielleicht nicht kennt und die erklärungsbedürftig sind.

Welche Art der Gegenfragen Sie auch stellen, stellen Sie sie. Gegenfragen sind ein unglaublich mächtiges Instrument zur Gesprächskontrolle. Gegenfragen sollten die Standardvariante sein – was nicht bedeutet, dass Sie diese immer einsetzen müssen –, mit der Sie auf Kundenfragen reagieren, vor allem in den Fällen, in denen der Kunde dazu tendiert, sehr viele Fragen zu stellen.

89. VERTRÖSTEN SIE IHREN GESPRÄCHSPARTNER

Eine weitere, einfach anwendbare Taktik, um mit sehr wissbegierigen Kunden im Gespräch so umzugehen, dass Sie Ihr Konzept nicht über den Haufen werfen, ist es, den Kunden zu vertrösten und ihm die Antwort für etwas später zu versprechen. Dies ist vor allem dann eine sehr gute Vorgehensweise, wenn Sie die Informationen, nach denen der Kunde fragt, ohnehin in Ihrem Gespräch noch eingeplant hatten. Wenn Sie die Antwort gleich geben, würde das möglicherweise Ihren Spannungsaufbau, Ihre Dramaturgie des Gespräches stören oder zunichte machen.

Vertrösten sollten Sie auch dann, wenn Sie die Antwort noch gar nicht geben können, weil Sie davor noch Informationen seitens des Kunden benötigen. In Sachen Preise etwa sind Kunden oft (durchaus verständlicherweise) über die Maße neugierig. Fast alle Verkäufer bekommen E-Mails oder Anrufe mit Fragen wie: *„Sagen Sie, was kostet denn so ein XY bei Ihnen?"*

Nun könnten Sie als Verkäufer, wenn XY sauber genug definiert ist, vielleicht sogar eine Antwort geben – sollten das aber in vielen Fällen nicht tun. Vor allem dann nicht, wenn der Interessent ein vollkommen Fremder ist, der augenscheinlich nur ein paar Anbieter durchruft, um Preise zu vergleichen. An Ihnen und Ihrem Angebot speziell ist er nicht interessiert. Wenn Sie sich an dieser Stelle den Spielregeln des Anrufers unterwerfen, haben Sie das Spiel meist auch schon verloren – außer Sie haben den niedrigsten Preis für XY. Haben Sie das? Die meisten können das nicht bzw. nicht immer von sich behaupten.

Wenn Sie daher überhaupt eine Chance haben wollen, den Kunden zu gewinnen, müssen Sie versuchen, in näheren Kontakt mit ihm zu kommen. Und das könnten Sie zum Beispiel folgendermaßen tun:

- Kunde: „Was kostet denn XY bei Ihnen?"

- Verkäufer:

    o *„Das sage ich Ihnen gerne, wenn Sie bei mir vorbeischauen. Wann passt es Ihnen denn? Heute Nachmittag könnte ich Ihnen kurzfristig anbieten oder auch morgen. Was ist Ihnen lieber?"*

    o *„Das kommt auf ein paar Dinge an, über die wir uns noch unterhalten müssen. Und das machen wir am besten bei uns im Geschäft. Wo sind Sie denn zuhause?"*

    o *„Ich kann Ihnen gerne den Listenpreis nennen. Der beträgt 1.350 €. Ihren Preis, der von ein paar Faktoren abhängt, kann ich Ihnen gerne ausrechnen, wenn wir uns sehen. Wann passt das denn für Sie?"*

So oder so ähnlich könnten Sie Anrufer, die vorschnell nach dem Preis fragen, vertrösten.

Aber auch im Gespräch selbst gibt es Gründe, warum Sie den Preis, den der Kunde vielleicht schon sehr früh wissen will, noch nicht nennen. Sie brauchen vielleicht wirklich noch Informationen, ohne die es keinen Sinn ergibt, über einen Preis zu sprechen. Auf die Frage: *„Was kostet denn so eine Betriebsausfallsversicherung bei Ihnen?"*, kann kein noch so versierter und erfahrener Versicherungsverkäufer eine Antwort geben – und schon gar keine genaue.

Der Kunde zeigt sehr dominantes Verhalten

Ganz rasch und umfassend können Verkäufer die Kontrolle im Gespräch verlieren (bzw. diese von Beginn an niemals erhalten), wenn Ihr Gesprächspartner es gezielt darauf angelegt hat und seinerseits ein sehr dominantes Verhalten an den Tag legt. Wenn er das auch noch unter Rahmenbedingungen macht, die ihn von Haus aus begünstigen und einen höheren Status bzw. mehr Macht einräumen, dann haben Sie es als Verkäufer nicht leicht, ein Gespräch auf Augenhöhe zu führen, geschweige denn dieses zu dominieren.

Natürlich können Sie alle bereits bisher angeführten Taktiken und Verhaltensweisen nutzen, um Ihrem Gesprächspartner ein wenig Macht abzutrotzen und ein wenig mehr Kontrolle über den Gesprächsverlauf zu erringen. Im Folgenden habe ich allerdings noch ein paar andere Strategien gesammelt, die Ihnen in derart herausfordernden Situationen helfen können.

Welche Verhaltensweisen könnten das in der Praxis sein, die Ihr Gegenüber an den Tag legt und in welche Art Situationen manövriert er Sie dadurch? Ein paar Beispiele dazu:

- Der Kunde macht Ihnen Vorwürfe, vielleicht gleich zu Beginn des Gespräches.

- Der Kunde stellt Forderungen, die an der Grenze des Möglichen bzw. Vertretbaren sind oder diese sogar überschreiten.

- Der Kunde setzt Sie unter Zeitdruck und verlangt, dass Sie Teile überspringen und gleich zum Punkt kommen.

- Der Kunde stellt (leicht) provokante Fragen á la *„Und warum sollte ich ausgerechnet bei Ihnen kaufen?“*, auf eine Art und Weise, die leicht aggressiv wirkt.

- Der Kunde greift Sie persönlich an.

Das sind nur ein paar Wenige der möglichen Verhaltensweisen, auf die Sie in Ihren Kundengesprächen und Verhandlungen treffen könnten. Die Anzahl der Varianten ist nahezu unerschöpflich.

90. FRAGEN SIE, WARUM SIE HIER SIND

Es gibt Gespräche, die bereits mit Vorwürfen und Angriffen seitens des Kunden beginnen. Noch bevor Sie eine normale Einleitung mit ein wenig Small-Talk machen können, bombardiert Sie Ihr Gegenüber mit Aufzählungen von Fehlern Ihrer Produkte oder solchen, die Sie gemacht haben und von allen möglichen Dingen, die in der Zusammenarbeit schieflaufen.

Die meisten Verkäufer, die unvorbereitet in so eine Situation stolpern, tendieren dazu, den Kopf einzuziehen und Deckung zu suchen, oder beginnen, sich zu verteidigen und zu rechtfertigen. Damit machen Sie sich kleiner und schwächer und haben keinerlei Kontrolle über die Situation und das Gespräch.

Interessanterweise gibt es sogar Kunden, die solche Verhaltensweisen in Erstkontakten an den Tag legen. Sie haben zwar noch keine Erfahrungen mit Ihnen oder Ihren Produkten gesammelt, aber schon alles Mögliche von anderen gehört, das Sie Ihnen vorweg vorwerfen können. Wie wahr und haltbar das ist, sei dahingestellt. Es verschafft Ihrem Gegenüber aber in jedem Fall einen Status- und Machtvorteil, indem er Sie kleiner macht.

Als Profi hingegen sind Sie vorbereitet und wissen, dass Ihr Kunde mit genau solchen Vorwürfen kommen könnte. Bei all den Dingen, die schiefgelaufen sind, gibt es – hoffentlich und sehr wahrscheinlich – auch Dinge, die gut laufen und Vorteile, die Ihre Leistungen und Produkte haben. Wenn dem nicht so wäre, dann würden Sie bzw. der Kunde (wenn er zu Ihnen gekommen ist) gar nicht (mehr) hier sitzen.

Wenn kein einziges gutes Haar an Ihnen ist, warum sollte er sich dann überhaupt mit Ihnen treffen oder mit Ihnen reden.

Die Strategie, die Sie in solchen Fällen anwenden können, zielt darauf ab, den Fokus von den negativen Punkten auf die positiven zu lenken. Und diese sollten Sie nicht selbst erwähnen oder aufzählen, sondern diese Arbeit dem Kunden überlassen. Wie bereits an früherer Stelle erwähnt, ist das deutlich glaubwürdiger und damit auch wirkungsvoller.

Und das könnten Sie zum Beispiel folgendermaßen machen:

- *„Bei all dem, was Ihnen nicht gefällt an unserer Leistung, gibt es denn auch irgendetwas, das Ihnen gefällt – oder soll ich am besten zusammenpacken und gleich gehen?" – Das ist natürlich eine nicht ganz ungefährliche Frage. Immerhin könnte Ihr Gesprächspartner emotional darauf reagieren und das für eine ausgezeichnete Idee halten.*

- *„Bei all dem, was Ihnen nicht gefällt an unserer Leistung – ich unterstelle einmal, es gibt auch irgendetwas, was Ihnen gefällt, sonst würden wir vermutlich dieses Gespräch nicht führen. Was ist das denn?"*

Wenn Ihr Gesprächspartner bereits bei einem Erstgespräch gut vorbereitet Vorwürfe und negative Punkte aufzählt, dann können Sie so darauf reagieren:

- *„Wow, bei all dem, was Sie an negativen Punkten in Zusammenhang mit uns gehört haben, bin ich echt erstaunt, dass Sie dieses Gespräch mit mir führen. Warum tun Sie das denn?"*

So bringen Sie den Gesprächspartner sogar in eine Situation, in der er sich quasi dafür rechtfertigen muss, dass er mit Ihnen spricht, und übernehmen damit sofort die Gesprächsführung.

Aktion vor Reaktion!

Doch wie meistens in Verkaufssituationen, ist es gerade in solchen herausfordernderen und schwierigen Situationen noch besser zu agieren, statt zu warten und dann zu reagieren. Speziell dann, wenn Sie wissen oder zumindest ahnen, was auf Sie zukommt, ist das eine effektive Vorgehensweise.

Agieren könnten Sie hier, indem Sie zum Beispiel eine Einwandvorwegnahme machen, noch bevor der Kunde Vorwürfe anbringen kann (deshalb heißt es auch „Vorwegnahme"). Und das würde so klingen:

- *„Liebe Frau Musterfrau, ich schlage Folgendes vor: Ich hole mir als Erstes meine Schläge und Kopfnüsse für das Problem X ab, das letzte Woche aufgetreten ist und wir versuchen, das gleich zu klären. Dann können wir uns schöneren Dingen zuwenden und über A, B und C sprechen. Passt das so für Sie?"*

Durch diese Vorgehensweise nehmen Sie nicht nur Ihrem Gesprächspartner den Wind aus den Segeln, sondern übernehmen von Beginn an die Gesprächsführung. Statt sich zu verteidigen oder gar zu rechtfertigen und so die Energie Ihres Kunden und Ihre eigene zu verschwenden, arbeiten Sie aktiv an einer Lösung des Problems. Statt Vorwürfe zu hören, hören Sie, wenn Sie diese Frage wie oben stellen, ein „Ja".

91. ZIEHEN SIE EINEN KLAREN SCHLUSSSTRICH

Wenn die Verhaltensweisen Ihres Gesprächspartners zu dominant und vielleicht sogar untergriffig werden, wenn er Sie vielleicht sogar persönlich angreift, müssen Sie eine klare Grenze setzen und deutlich machen: bis hierhin und nicht weiter. Wenn Sie das nicht tun, haben Sie Ihre gesamte Gesprächsmacht, Ihren Status, den Respekt, den Sie vielleicht noch hatten – vor allem den vor sich selbst – und jegliche

Kontrolle über die Situation und das Gespräch eingebüßt, und zwar meist unwiederbringlich.

Irgendwann ist Schluss mit lustig. Großer Kunde hin oder her, großer Auftrag hin oder her. Sie dürfen keinesfalls alles mit sich machen lassen, denn wenn Sie den Respekt Ihres Gegenübers verlieren, reduziert das die Wahrscheinlichkeit, dass er Ihnen einen Auftrag erteilt, enorm. Das gilt vor allem dann, wenn Sie in einem Bereich tätig sind, wo es wichtig ist, dass Sie Respekt genießen, um als Anbieter ernstgenommen zu werden.

Reagieren bzw. agieren Sie zum Beispiel auf folgende Art und Weise:

- *„Wollen Sie mich persönlich beleidigen?"* – Eine sehr direkte und klare Frage, die der Kunde fast nur mit Nein beantworten kann (und sich vermutlich sogar entschuldigt) und so einen Rückzieher macht, der Sie im Status wieder ein wenig wachsen lässt.

- *„Zum Glück weiß ich, dass Sie mich nicht persönlich beleidigen wollen. Sonst müsste ich an dieser Stelle nämlich das Gespräch abbrechen und gehen. Liege ich richtig mit meiner Annahme?"*

- *„Nur ein sehr dummer Mensch würde sich so verhalten wie Sie eben. Doch für dumm halte ich Sie keineswegs, daher muss etwas anderes dahinterstecken. Was ist es denn?"*

Zugegeben, das sind sehr schwere rhetorische Geschütze, aber wenn die Situation es tatsächlich erfordert, auch solche, die Sie benötigen. Zum Glück werden Sie solche Gesprächspartner nur selten oder hoffentlich sogar niemals haben und diese Arten von Taktiken daher auch niemals anwenden müssen. Und wenn ein Gesprächspartner so agiert, sollten Sie sich ohnehin ernsthaft die Frage stellen, ob Sie so Jemanden überhaupt als Kunden haben wollen.

Es könnte aber auch sein, dass Ihr Gesprächspartner nur Ihre Grenzen testen wollte (wenn er ein sehr versierter und harter Verhandler ist). Wenn das der Fall ist, ist es umso wichtiger, dass Sie diese klar aufzeigen.

Alles in allem könnte man sagen, dass es sich um Vorgehensweisen handelt, die etwas Mut erfordern, Ihre Position aber stärken und in manchen Situationen absolut notwendig sind.

92. UNTERBRECHEN SIE DAS GESPRÄCH

Auch über Unterbrechungen haben wir bereits in dem einen oder anderen Abschnitt gesprochen. Wenn Sie in einem Gespräch in Bedrängnis geraten, weil Ihr Gegenüber sehr dominant auftritt, Forderungen stellt oder sehr hart verhandelt, können diese eine sehr gut einsetzbare Taktik sein – diesmal eine, die Sie selbst aktiv initiieren.

Sie nutzen Ihnen in zweierlei Hinsicht:

- Erstens verschaffen sie Ihnen Zeit, in der Sie über die Situation und die nächsten Schritte nachdenken können.

- Und zweitens, wenn Ihre Gesprächspartner gerade so richtig in Schwung waren und die Zügel gut in der Hand hatten, können sie dazu führen, dass sie ein wenig von ihrem Schwung verlieren und vielleicht sogar aus dem Konzept geraten. Wobei sie natürlich auch die Zeit nutzen können, um über ihre weitere Vorgehensweise nachzudenken.

In jedem Fall sind Unterbrechungen, wie zur Toilette gehen etwa, eine Pause für Situationen, in denen Sie so eine Auszeit benötigen.

93. SAGEN SIE NEIN

Ein kleines Wörtchen ist eines der Wichtigsten, wenn es darum geht, Ihren Status, Ihre Gesprächsmacht und die Kontrolle über eine Situation zu erhöhen und dieses Wörtchen heißt „Nein".

Nein zu sagen fällt uns häufig schwer, und das nicht nur im Verkauf. Auch privat ertappe ich mich zumindest immer wieder dabei, Ja zu sagen und mich gleich darauf zu fragen, warum ich das gemacht habe, obwohl ich eigentlich hätte Nein sagen wollen. Aber vielleicht kennen Sie das auch aus eigener Erfahrung. Beruflich können zu viele Jas und zu wenige Neins nicht nur zu unangenehmen Situationen führen, sondern Sie in Verkaufsgesprächen und vor allem in Verhandlungen über Preise und Konditionen (viel) Geld kosten.

Nein sagen hat aber auch noch andere Vorteile für Sie. Wenn Sie Nein sagen, zeigen Sie Stärke, gerade dann, wenn Ihr Nein auch potenziell negative Konsequenzen bis hin zum Verlust des Kunden oder des Geschäftes nach sich ziehen kann.

> *Die profitabelsten Neins sind die,*
> *die uns schwerfallen, auszusprechen.*

Gerade dann, wenn es Ihnen schwerfällt, ein „Nein" auszusprechen, sollten Sie es häufig tun. Die schwierigen Neins sind meist diejenigen, die Sie wirklich voranbringen. Deshalb sind Sie schwierig.

Und solche Neins in Verkaufsgesprächen können sich etwa beziehen auf:

- Forderungen des Kunden nach besseren Konditionen und höheren Nachlässen,

- Wünschen des Kunden nach einer Zusatzleistung, die Sie zwar können, die für Sie aber viel Aufwand und die Gefahr einer schlechteren Qualität mit sich bringt oder auch

- Terminvorstellungen von Kunden, von denen Sie im Vorhinein wissen, dass ein Ja dazu Sie höchstwahrscheinlich in Schwierigkeiten bringt.

Ihnen fallen vermutlich noch weitere Situationen aus Ihrer eigenen Praxis ein, in denen Sie Ja gesagt haben und das Ja im Nachhinein liebend gerne in ein Nein verwandelt hätten.

Ein Nein fällt uns im Verkauf (aber nicht nur dort) erfahrungsgemäß besonders schwer, wenn:

- Viel auf dem Spiel steht,

- Sie den Kunden mögen und fast freundschaftlich mit ihm verbunden sind,

- Sie Verkaufsdruck haben, weil das Monats- oder Jahresende bevorsteht und die Ziele noch nicht annähernd erfüllt sind, oder

- Sie das, was der Kunde fordert oder wünscht, tun könnten, aber nur nicht tun wollen oder besser nicht sollten (wenn Sie es schlicht nicht können, fällt das Nein sehr leicht)

Sagen Sie dennoch Nein, wenn Sie wissen, dass ein „Nein" aus vielerlei Hinsicht besser ist. Damit Ihnen das leichter fällt und von Ihrem Gegenüber auch eher akzeptiert wird, können Sie es mit Hilfe dieser 5-Schritte-Strategie sehr viel erfolgreicher und einfacher tun:

1. Zuhören und verstehen

2. Wertschätzen und bedanken

3. Nein, weil ...

4. Vorschlag

5. Frage

Sehen wir uns die einzelnen Schritte im Detail an.

1. **Zuhören und verstehen**

    Ein kleiner, aber wichtiger Schritt. Damit holen Sie Ihren Gesprächspartner da ab, wo er ist und zeigen, dass Sie sein Anliegen ernst nehmen. Das bedeutet allerdings nicht, dass Sie ihm zustimmen. Hören Sie aktiv und professionell zu. Lassen Sie ihn dabei wirklich ausreden, nicken Sie, verstehen Sie mit Zustimmungslauten wie „mmmh", und wiederholen Sie Teile des Gesagten mit sogenannten „Rückkoppelungsfragen" wie „Wenn ich Sie richtig verstehe, dann wollen Sie also ..."

2. **Wertschätzen und bedanken**

    Wenn Ihr Kunde das, was er von Ihrem Angebot oder Unternehmen hält, offen ausspricht, auch oder gerade, wenn es etwas Negatives oder für Sie Unangenehmes ist, es sich um eine Forderung handelt, die Sie nicht erfüllen können oder wollen, tut er Ihnen damit einen Gefallen. Die Alternative wäre, dass er etwas Negatives denkt und es für sich behält oder die Forderung gar nicht ausspricht, sondern denkt, dass dies ohnehin sinnlos wäre. Immerhin sind Sie so in der Lage, potenziell etwas zu unternehmen – was nicht bedeutet, dass Sie das auch können oder wollen. Und dafür – nicht für den Inhalt dessen, was er sagt – sollten Sie ihm auch danken.

    - *„Danke, dass Sie das so offen aussprechen. Ich weiß das sehr zu schätzen."*

    Das bedeutet nicht – und das wird gerne verwechselt – ihm rechtzugeben oder ihm irgendetwas zu versprechen. Sie bedanken sich nur für die Offenheit.

3. **Nein, weil …**

Sagen Sie dann nein, wenn Sie nein sagen wollen oder müssen. Aber machen Sie das, indem Sie Ihr Nein mit einer Begründung verstärken, die typischerweise mit einem Weil beginnt. Studien haben gezeigt, dass begründete Neins eher und leichter akzeptiert werden als solche ohne Begründung, die so auf sich allein gestellt zu hart und schroff empfunden werden können. Dabei brauchen Sie nicht besonders kreativ zu sein, was Ihre Begründung angeht – Hauptsache es gibt eine.

4. **Vorschlag**

Aber lassen Sie es nicht auf dem Nein beruhen. Hängen Sie einen eigenen Vorschlag an das Nein, der von dem des Kunden abweicht oder auch in eine ganz andere Richtung geht.

5. **Frage**

„Wer fragt, der führt", gilt immer noch. Schließen Sie Ihren Vorschlag daher mit einer Frage.

Ein Beispiel dazu:

Kunde*: „Ich habe ein vergleichbares Angebot vorliegen, das 5 % unter Ihrem liegt. Können Sie mir da entgegenkommen?"*

Verkäufer*: „Ich kann gut verstehen, dass Sie Ihre Kosten im Blick haben. Das würde ich an Ihrer Stelle auch tun. Danke, dass wir so offen darüber sprechen können. Beim Preis kann ich Ihnen nicht mehr entgegenkommen. Da sind wir bereits an der Grenze unserer Möglichkeiten angelangt. Was ich für Sie tun kann, ist, dass wir die Lieferung ohne Zusatzkosten für Sie übernehmen. Wie sieht es aus. Bekommen wir den Auftrag?"*

Und was, wenn der Kunde das Nein nicht akzeptiert? Dann gibt es zwei Möglichkeiten: Sie finden eine andere Lösung, machen einen anderen Vorschlag – oder der Kunde macht das, basierend auf Ihrem Vorschlag

– oder Sie bleiben dabei und es kommt zu keiner Einigung oder einem Geschäftsabschluss. Auch diese Möglichkeit muss immer im Bereich des Denkbaren und des Möglichen sein. Wenn sie es für Sie nicht ist, dann haben Sie in Verhandlungen schlechte Karten. Und wenn das der Kunde zu allem Überdruss auch noch weiß, dann hat er die Macht, die er braucht, um sein Ziel zu erreichen.

Doch selbst, wenn es bei dem Nein bleiben sollte und kein Geschäft zustande kommt, hat das auch etwas Gutes. Sie gehen aus dem Gespräch dann zwar vielleicht ohne Umsatz, dafür aber mit einem gestärkten Rücken hervor. Sie haben nicht nachgegeben, nicht zu allen Forderungen des Kunden „Ja" und „Amen" gesagt. Das tut etwas für Ihr Selbstbewusstsein und damit auch für Ihre nächsten Gespräche. Natürlich sollte das nicht das Ergebnis eines jeden Gespräches sein, aber ab und an ist es wichtig. Selbst wenn Sie das Geschäft oder gar den Kunden verlieren, gehen Sie mit gestärktem Rücken aus so einer Situation, was Ihnen für die nächsten Gespräche mit diesem oder auch anderen Kunden einen Vorteil bringt.

94. NUTZEN SIE DIE MACHT DES REFRAMINGS

Reframing – auf Deutsch in diesem Zusammenhang vielleicht am besten als „Umdeutung" übersetzt – ist ein extrem mächtiges sprachliches Instrument. Es gibt verschiedene Arten des Reframings – das Kontextreframing und das Bedeutungsreframing. Für ein Mehr an Kontrolle über Ihre Gespräche wollen wir uns hier vor allem mit dem Bedeutungsreframing beschäftigen.

Aber, nachdem ich es schon erwähnt habe, möchte ich auch das Kontextreframing kurz erklären:

- Kunde: *„Ich fahre nach wie vor einen Verbrenner und werde deshalb von meinen Kollegen immer mehr unter Druck gesetzt. Von wegen Nachhaltigkeit, Sie wissen schon. "*

> Verkäufer: *„Das heißt, wenn uns mal der Strom ausgeht (anderer Kontext / andere Situation), dann bleiben alle Ihre Kollegen zu Hause, aber Sie können immer noch Autofahren."*

Indem der Verkäufer den Rahmen (Kontext) neu definiert (Strom geht aus), gibt er der Tatsache, dass der Kunde einen Verbrenner fährt, eine neue, zusätzliche Bedeutung. Er verändert sozusagen die Sichtweise auf den Verbrenner. Die Grundidee des Reframings – die sich an diesem Beispiel auch zeigt – ist, dass es nichts Gutes oder Schlechtes gibt, sondern es immer auf die Umstände ankommt. In unserem Beispiel wird die Bedeutung durch die Veränderung der Umstände zum Besseren verändert. Es könnte aber auch umgekehrt gemacht werden.

Nun aber zum Bedeutungsreframing: Bei diesem wird die Bedeutung von etwas Gesagtem – einem Wort oder auch einer ganzen Aussage – direkt verändert, ohne den Kontext ändern zu müssen.

- Kunde: *„Wir haben ziemlich viel Stress zurzeit."*

- Verkäufer: *„Das heißt, Ihnen ist nicht langweilig und die Geschäfte laufen."*
  Kunde: *„Ja, so könnte man es auch sehen."*

Der Verkäufer verändert das negativ besetzte Wort „Stress", indem er es in etwas Positives *„nicht langweilig und die Geschäfte laufen"* umformuliert. Der Kunde stimmt zu und akzeptiert damit die vom Verkäufer vorgegebene Sicht der Welt. Mit einem geschickten Bedeutungsreframing haben Sie als Verkäufer also die Macht, die Bedeutung dessen, was Ihr Gesprächspartner sagt, und somit auch seine Sichtweise maßgeblich zu beeinflussen und zu verändern.

Sie können damit negative Aussagen des Kunden relativieren und abschwächen und so dafür sorgen, dass das Gespräch nicht eskaliert.

- Kunde: *„Das dauert mir viel zu lange!"*
  Verkäufer: *„Das heißt, Sie hätten gerne, dass wir früher liefern?"*

Der negative Einwand *„Das dauert mir viel zu lange!"* wird in eine Frage nach einem Wunsch des Kunden, die wesentlich positiver klingt, umgewandelt. Sollte der Kunde sich noch nicht entschieden haben, zu kaufen, steckt in dieser Frage auch gleich eine Abschlussfrage. Es wird nach dem Lieferzeitpunkt gefragt. Strenggenommen – wenn der Kunde mit „Ja" antwortet – ist das auch eine Zustimmung zum Geschäft.

Indem Sie mit einer Kontrollfrage nachfassen (*„Verstehe ich das so richtig?"*), und sich ein Ja des Kunden abholen, erhöhen Sie sein Commitment (Selbstverpflichtung) und halten die Zügel noch fester in den Händen. Diese Kontrollfrage kann aber auch schon – wie im obigen Beispiel – Teil des Reframings sein.

Ein paar weitere Beispiele für Reframings:

Kunde	Verkäufer
„Das ist Mist, was Sie da liefern."	*„Das bedeutet also, Sie sind mit der Qualität unzufrieden."*
„Die Verladezeiten sind viel zu kurz."	*„Das heißt, Ihre Mitarbeiter müssen sich richtig beeilen, den Container zeitgerecht zu füllen."*
„Das ist mir zu teuer."	*„Das bedeutet, dass wir preislich noch nicht dort sind, wo Sie es gerne haben möchten."*
„Wir haben im Moment so viele Aufträge, dass wir rund um die Uhr arbeiten müssen."	*„Das heißt, Sie haben die Art von Problem, die ich gerne als Luxusproblem bezeichne."*

Dabei dürfen Sie es aber nicht übertreiben. Der Bedeutungsabstand zwischen dem alten (negativen) Ausdruck und dem neuen (positiveren) darf nicht zu groß sein. Wenn der Kunde zum Beispiel sauer ist und Ihre Produkte als „Mist" bezeichnet, dann sollten Sie das Reframing nicht übertreiben, indem Sie sagen: *„Das heißt, aus Ihrer Sicht sind unsere Produkte noch nicht ganz so perfekt."* In dem Fall würde es die Situation vermutlich verschlimmern und Ihr Gesprächspartner würde seine Sicht- und Ausdrucksweise bestätigen und verstärken, weil Sie ihn offenbar nicht verstanden haben: *„Was heißt hier noch nicht ganz so perfekt!? Was Sie geliefert haben, kann man nur als Mist bezeichnen und als nichts anderes."*

Reframings bieten sehr viele Möglichkeiten und sind unglaublich vielfältig einsetzbar, und das nicht nur im Verkauf. Und was könnte es Mächtigeres geben als ein Instrument, das die Bedeutung dessen, was gesagt wird beeinflusst und lenkt?

95. WENDEN SIE RHETORISCHES JUDO AN

Es gibt Aussagen, Fragen oder auch Forderungen Ihrer Gesprächspartner, die dominant, forsch oder auch ein wenig frech sein können. Diese können vollkommen ernst vorgebracht werden. Manchmal werden Sie vielleicht aber auch von einem Augenzwinkern oder einem Lächeln begleitet, was aber nicht bedeutet, dass Sie deshalb keinen ernst gemeinten Kern haben. Solche Äußerungen können einen Verkäufer, wenn sie ihn unvorbereitet treffen, durchaus ein wenig aus dem Konzept oder gar aus der Bahn werfen und verunsichern.

Eine Strategie, die Sie auf Situationen dieser Art anwenden können, bezeichne ich gerne als „rhetorisches Judo". Warum Judo? Beim Judo (ich habe den Sport in meiner Jugend selbst betrieben) arbeitet man bei vielen Techniken mit der Kraft bzw. dem Schwung des Gegners und wandelt das zum eigenen Vorteil um. Und genau das machen Sie auch beim rhetorischen Judo.

Professionelle Verhandlungspartner versuchen gerne die Macht der Zeit für sich zu nutzen – darüber haben wir bereits ein paarmal gesprochen. Manchmal auch dadurch, dass Sie im Gespräch zeitlichen Druck machen, weil Sie (angeblich) weniger Zeit haben als geplant oder auch einfach nur so drängen.

Das könnte so klingen:

- Kunde: *„Würden Sie bitte rasch zum Punkt kommen?"*
  Verkäufer (schlechte Variante): *„Ja natürlich. Ich werde mich bemühen. Ich weiß, Ihre Zeit ist knapp."*

Auf diese Art und Weise ordnet er sich den Spielregeln des Kunden unter, ohne Widerstand zu leisten. Sie könnten an dieser Stelle natürlich auch auf die Strategie „neuer Termin" setzen, die wir besprochen haben, oder aber eben rhetorisches Judo machen. Und das geht in diesem Fall so:

- Verkäufer: *„Wenn ich gleich zum Punkt komme, tun Sie das dann auch?"*

Durch die Frage haben Sie die Zügel wieder in die Hand genommen. Der Kunde wird vermutlich wissen wollen, was Sie damit meinen:

- Kunde: *„Was meinen Sie damit?"*

Sie könnten als Verkäufer natürlich verschiedene Wünsche an den Kunden haben, was das „zum Punkt kommen" betrifft. Einer könnte lauten:

- Verkäufer: *„Das heißt: Sie beantworten mir ein paar Fragen, damit ich Ihnen dann so rasch wie möglich erklären kann, welche Vorteile Sie mit unserer Lösung haben, und Sie entscheiden sich dann ebenso rasch, ob Sie diese haben wollen. Ok?"*

Damit geben Sie Ihre Spielregeln vor. Sie verlangen nicht mehr, aber auch nicht weniger als einen fairen Tausch – beide kommen rasch zum Punkt – geben die Spielregeln vor und behalten die Kontrolle im Gespräch.

Egal auf welche Situation Sie es anwenden: Das Prinzip des rhetorischen Judos ist immer dasselbe. Sie fordern im Sinne des fairen Ausgleichs dasselbe vom Kunden, was er von Ihnen fordert. Idealerweise machen Sie das mit denselben Worten bzw. derselben Formulierung – wo das passt.

Was Ihnen vermutlich auffällt, ist, dass es auch hier wieder eine Frage ist, die eingesetzt wird, um die Situation zu Ihren Gunsten zu drehen. Ich kann nicht oft genug wiederholen, wie wichtig Fragen als Kommunikationsinstrument gerade auch in schwierigen Situationen sind.

+++++

Sind das alle Verhaltensweisen von Kunden, mit denen Sie im Hauptteil des Gespräches konfrontiert sein können und auch immer wieder sein werden? Mit ziemlicher Sicherheit nicht. Ich bin aber überzeugt, dass Sie mit den besprochenen Taktiken bzw. auch einer Kombination dieser eine passende Vorgehensweise finden werden, die Ihnen hilft, die Kontrolle zu bekommen und zu behalten.

Manche der beschriebenen Instrumente und Vorgehensweisen sind so grundlegend und gleichzeitig so flexibel einsetzbar, dass sie auch für

185

viele, der hier nicht vorkommenden Situationen sehr gut anwendbar sind.

Sind Sie speziell im Rahmen von Preis- und Konditionsgesprächen an dem Thema des Buches – Macht und Kontrolle von Gesprächssituationen – interessiert? Dann empfehle ich Ihnen, die Taktiken aus diesem Buch mit den Strategien und Vorgehensweisen aus meinen Spezialbüchern zum Thema Preisverhandlung zu kombinieren. Insbesondere sind das:

- „Smart Preise verhandeln – Gewinnbringende Strategien für erfolgreiche Preisverhandlungen" und

- „Zu teuer – 118 Antworten auf Preiseinwände"

Die Links dazu finden Sie auch im Ressourcenbereich zu diesem Buch.

Der Gesprächsabschluss

In der Abschlussphase eines Verkaufsgespräches oder einer Verhandlung kann die Anspannung entweder besonders hoch sein oder aber es sind alle Anwesenden bereits sehr entspannt, weil ohnehin schon klar ist, was das Ergebnis sein wird. Oder anders gesagt: Manchmal entscheidet sich alles in dieser letzten Phase und häufig trifft der Kunde seine Kaufentscheidung aber bereits im Laufe des Gespräches und bringt dies auch zum Ausdruck.

Egal, in welcher Art von Abschluss Sie sich befinden, es gilt, die Kontrolle bis zum Schluss zu behalten. Gerade wenn alle schon entspannt sind, ist die Gefahr groß, unaufmerksam zu werden. Dann fällt es dem Kunden besonders leicht, Ihre Schwäche zu nutzen, die Gesprächsführung zu übernehmen und sich doch noch Vorteile herauszuholen.

Es sind ein paar wenige, aber wichtige Taktiken, die Sie in dieser Phase anwenden sollten, um das zu verhindern.

96. FASSEN SIE ZUSAMMEN

Gerade am Ende eines Gespräches oder einer Verhandlung ist es wichtig, das Gesagte und vor allem das ZU-Gesagte, Versprochene und Beschlossene zusammenzufassen und so festzuhalten. Machen Sie das in einem ersten Schritt mündlich (zur schriftlichen Variante kommen wir noch) und holen Sie sich mit Checking-Fragen *„Passt das so? Ist das OK?"*, nochmals das Einverständnis des Kunden ab. Einerseits, um sein Commitment (seine Selbstverpflichtung) zu verstärken, andererseits aber, um abzugleichen, ob Sie wirklich alles richtig verstanden und notiert haben. Wenn Sie dabei auf Ihre Notizen zurückgreifen (egal ob Sie diese dafür wirklich benötigen oder es auch ohne diese könnten) und von diesen ablesen, wirkt es noch verbindlicher.

Ich habe es oft erlebt, dass Gesprächspartner am Ende des Gespräches gerne diese Zusammenfassung übernehmen und damit die abschließende Kontrolle über das Gespräch an sich reißen. Das muss natürlich keine weiteren negativen Auswirkungen nach sich ziehen, aber dennoch sollten Sie als Verkäufer das tun.

97. VERFASSEN SIE DAS PROTOKOLL GLEICH

Bei besonders wichtigen und größeren Verhandlungen, bei denen auf Kunden- wie auf Verkäuferseite meist mehrere Personen involviert und auch anwesend sind, kann es durchaus sein, dass Protokolle gleich, an Ort und Stelle verfasst werden. Das ist im Grunde nur dann möglich, wenn es einen Protokollführer gibt, dessen einzige Aufgabe im Gespräch das Mitprotokollieren ist. Wenn das der Fall ist und dieser Protokollführer auf der Verkäuferseite sitzt, dann ist es natürlich eine starke Strategie, das fertige Protokoll am Ende des Gespräches gleich auszudrucken und unterfertigen zu lassen bzw. dies elektronisch zu tun.

Bei manchen Verhandlungen ist das auch deshalb empfehlenswert und wird von allen Parteien daher auch so gewollt, weil 1 oder 2 Tage später bereits wieder Diskussionen entstehen könnten, ob etwas tatsächlich so besprochen wurde oder doch anders. Und das wird durch diese Vorgehensweise vermieden bzw. – im Falle von Diskrepanzen – sofort geklärt.

Für den allergrößten Teil der normalen Verkaufsgespräche ist diese Taktik völlig überzogen und daher nicht empfohlen und auch nicht notwendig.

98. KOMMEN SIE AUF DAS GESPRÄCHSZIEL ZURÜCK

Wir hatten weiter vorne im Buch als eine der Taktiken besprochen, dass Sie Ihr Gesprächsziel nennen und so nicht nur sanften Druck aufbauen, sondern auch die Richtung des Gesprächs vorgeben. Spätestens jetzt am

Ende des Gespräches ist es an der Zeit, wieder auf das genannte Ziel zurückzukommen. Das ist auch nur logisch und konsequent.

Abhängig vom Ziel, das Sie sich gesetzt bzw. das Sie genannt haben, kann das zum Beispiel so klingen:

- Verkäufer: *„Ich hatte je zu Beginn unseres Gespräches erwähnt, dass es mein Ziel ist, alle offenen Punkte zu beseitigen und all Ihre Fragen zu beantworten, sodass Sie sich am Ende unseres Gespräches für unser Angebot entscheiden. Habe ich das erreicht?“*

Mit der Nennung des Zieles zu Beginn des Gespräches, das mehrmalige Erwähnen dessen an den passenden Stellen im Gespräch und das finale Ansprechen des Ziels hier am Ende des Gespräches spannt eine Art Bogen über das gesamte Gespräch. Dieser wirkt wie eine Klammer, die es zusammenhält und Sie dabei unterstützt, die Kontrolle und Führung zu bewahren.

99. STELLEN SIE ABSCHLUSSFRAGEN, STATT NUR ZU HOFFEN

Der Abschluss eines klassischen Verkaufsgesprächs ist für viele Verkäufer etwas Schwieriges. Alles ist besprochen – fast alles. Es gibt nur noch eine Sache, die fehlt: Das Ja des Kunden, das das Angebot in Umsätze verwandelt.

Und das ist deshalb so schwer, weil es sich an dieser Stelle entscheidet, ob der Verkäufer Grund zur Freude hat und mit einem Auftrag in der Tasche nach Hause geht oder aber seine Zeit verschwendet hat, weil sich der Kunde für einen anderen Anbieter entscheidet. Das bedeutet, es steht viel, im Grunde alles auf dem Spiel.

Und deshalb gibt es eine Tendenz zur Vorsicht, die bei Verkäufern zu beobachten ist. Statt die Zügel weiterhin fest in der Hand zu halten, wie es vielleicht das Gespräch über gelungen ist, wird – unbewusst – die Strategie geändert. Man wartet und hofft, statt seine Strategie beizubehalten und die Führung Richtung Ziel zu behalten. Solange man wartet und hofft – so die Erklärung für dieses Verhalten – ist noch nichts verloren. Selbst, wenn man ohne Entscheidung – möglicherweise unterstützt durch ein *„Ich werde mich bei Ihnen melden"* – des Kunden nach Hause geht, ist das Geschäft noch nicht verloren.

Doch dieses Verhalten macht Sie klein. Sie geben damit die Macht über die Situation und den weiteren Verlauf des Gespräches an den Kunden ab, statt die Situation zu nutzen, diese zu vergrößern oder in manchen Fällen sogar sie doch noch (zurück) zu erlangen.

Und wieder einmal sind Fragen das Mittel der Wahl, um diese Phase zu kontrollieren. Was Sie tun sollten, ist es, Abschlussfragen zu stellen, solche, die Ihr Gegenüber dazu veranlassen (zwingen wäre zu viel des Guten), eine Aussage zu machen, eine verbindliche am besten, und sich zu entscheiden, ob er kaufen will oder nicht.

Und solche Fragen können beispielsweise so aussehen:

- *„Wollen Sie das Produkt haben? "* – Eine ganz schlichte Variante.

- *„Bleiben Sie bei dieser Version? "* – Diese Variante unterstellt, dass er bereits eine gewisse Vorentscheidung getroffen hat und jetzt nur noch entscheiden muss, ob er diese beibehält.

- *„Wann sollen wir denn liefern? "* – Wenn der Kunde darauf ein Datum nennt, haben Sie den Auftrag. Dabei haben Sie gar nicht direkt danach gefragt, sondern nach etwas (der Lieferung), das zeitlich nach der Erteilung des Auftrags liegt.

- *„Gibt es noch Irgendetwas, das Sie davon abhält, sich für unser Angebot zu entscheiden?"* – Auch mit einem Nein können Sie, wenn Sie die Frage so formulieren, ein Geschäft abschließen.

Ihr Kunde steht vor einer Linie, die es zu überschreiten gilt. Er weiß das und will das auch. Allerdings weiß er auch, dass er danach nicht mehr (so einfach) umdrehen und zurückkehren kann. Er will daher keinen Fehler machen und prüft sehr vorsichtig nochmals, ob er alles bedacht hat, bevor er den Schritt setzt. Das macht er manchmal auch, wenn er weiß, dass alles in Ordnung ist. Kunden sind in dieser Phase häufig unsicher und brauchen gerade da einen starken Partner, einen Verkäufer, der ihnen im entscheidenden Augenblick einen kleinen Schubs gibt und sie über die Linie befördert. Und der einfachste Weg, ihn zu schubsen, ist es, ihm eine Frage zu stellen.

Holen Sie sich die Neins! Diese sind dort,
wo sich auch die Jas befinden.

Rhetorisch sind diese Fragen, wie Sie gesehen haben, nicht schwierig. Das Wichtigste daran ist es, eine davon zu stellen. Selbst die Einfachste ist wesentlich besser als zu warten und zu hoffen. Selbst ein klares „Nein" ist meist besser als das Gespräch ohne Entscheidung zu beenden. Mit einem „Nein" können Sie noch arbeiten und es so vielleicht doch noch in ein „Ja" verwandeln. Holen Sie sich daher Ihre „Neins" ab (die werden Sie immer wieder bekommen). Unpraktischerweise sind diese dort, wo sich auch die „Jas" befinden.

Was es braucht, ist manchmal allerdings eine Prise Mut. Und wie immer bringt Ihnen dieser Mut auch Stärke und Selbstvertrauen und das wiederum erhöht Ihre Macht über die Situation.

100. MACHEN SIE DEN KOMPETENZABSCHLUSS

Ein Einwand, auf den Sie in der Abschlussphase immer wieder stoßen, ist folgender:

- „Das muss ich noch mit meinem Chef besprechen."

Darin lauert eine nicht unerhebliche Gefahr, die Gesprächskontrolle zu verlieren. Der Chef ist nicht da und kann nicht gefragt werden. Was also sollen Sie tun, um die Zügel in den Händen zu behalten?

Hier können Sie folgende Gesprächstechnik, den Kompetenzabschluss, anwenden:

- Verkäufer: *„Das verstehe ich nur allzu gut. Darf ich Ihnen eine Frage dazu stellen?"*
  Kunde: *„Ja, gerne."*
  Verkäufer: *„Gesetz dem Fall, Sie könnten die Entscheidung allein treffen. Wie würden Sie sich entscheiden?"*

Nun hat Ihr Gesprächspartner zwei grundlegende Möglichkeiten: Er kann sich für Ihr Angebot oder dagegen aussprechen. In den meisten Fällen wird er dafür sein. In den Fällen, in denen Sie denken, dass Sie ihn noch nicht überzeugt haben, werden Sie diese Frage vermutlich (noch) nicht stellen.

So bleiben Sie nicht nur in der Gesprächsführung, sondern Ihr Gesprächspartner gibt ein klares Commitment ab und verpflichtet zumindest schon einmal sich selbst. Sie haben den Auftrag wenigstens schon einmal von dieser Person erhalten und das ist in vielen Fällen etwas wert. Jetzt können Sie sich mit ihm verbünden und gemeinsam überlegen, wie Sie den Chef überzeugen. Sie können zum Beispiel als nächsten Schritt einen Termin mit dem Chef vorschlagen, etwas, das auf Basis dieser ersten Zustimmung leichter sein wird.

101. VEREINBAREN SIE NÄCHSTE SCHRITTE

Wenn es etwas gibt, das Sie am Ende eines Gespräches in jedem Fall tun sollten – egal ob Sie schon am Ziel sind oder noch nicht – dann ist es, einen nächsten Schritt zu definieren. Zu viele Gespräche und Verhandlungen enden mit:

- *„Wir hören uns dann."*

- *„Ich melde mich in den nächsten Tagen bei Ihnen."*

- *„Ich werde darüber nachdenken und Sie hören dann von mir."*

Das ist nicht konkret und klar und vor allem nicht verbindlich genug. Selbst einen nächsten Termin zu vereinbaren, den beide Gesprächspartner machen wollen, erweist sich nach einem Gespräch oft sehr viel schwieriger, als wenn Sie das gleich machen. Machen Sie es sich daher zur Regel, möglichst immer einen fixen nächsten Schritt mit einem Zeitpunkt oder einer Zeitspanne versehen, zu definieren.

Das könnte zum Beispiel sein:

- Ein nächstes persönliches Treffen

- Ein telefonischer Folgetermin

- Etwas, das der Kunde für Sie erledigt und Sie darüber informiert

- Etwas, das Sie für den Kunden erledigen und ihn das Ihrerseits wissen lassen

Egal, was es im Einzelfall sein mag: Verbleiben Sie so konkret wie möglich. Lassen Sie sich nicht mit einem *„Ich melde mich dann mal"* abspeisen. Bohren bzw. fragen Sie nach. *„Wann bzw. bis wann? Auf welche Art? Wollen wir uns treffen oder telefonieren?"* In den meisten Fällen geht das auch relativ einfach. Sie müssen es sich nur vornehmen und machen.

102. SEIEN SIE HARTNÄCKIG

Wo wir gerade beim Bohren und Fragen sind – das ist vor allem in jenen Fällen anzuraten bzw. nötig, in denen sich der Kunde ziert und sich nicht outen will, was seine Entscheidung für oder gegen Ihr Angebot betrifft. Oft will er sich nicht einmal darauf einlassen, einen nächsten Termin mit Ihnen zu vereinbaren. Lassen Sie sich in diesem Fall nicht so leicht von Ihrem Vorhaben, einen fixen nächsten Schritt zu definieren, abbringen.

Dafür stehen Ihnen zum Beispiel folgende Vorgehensweisen zur Verfügung:

- **Tasten Sie sich heran**
  Wenn Ihr Kunde sich auf keinen fixen Termin für ein Treffen oder seine Entscheidung einlassen will, dann arbeiten Sie mit groben zeitlichen Bereichen und verpacken Sie diese in Fragen:

  - *„Denken Sie, dass Sie eher eine, zwei oder gar drei Wochen brauchen werden, um sich zu entscheiden?"*

- **Arbeiten Sie mit hypothetischen Fragen**
  - *„Wenn Sie sich jetzt entscheiden müssten, wie würde die Entscheidung dann ausfallen?"*

Bleiben Sie dran und verfolgen Sie Ihr Ziel, ohne dabei zu nerven. Mit ein wenig kommunikativem Geschick geht das absolut.

103. NUTZEN SIE DIE MACHT DER VERKNAPPUNG

Alles, was rar, was knapp und nur eingeschränkt erhältlich ist, ist wertvoll. Für Ihren Gesprächspartner ist das allerdings nur dann der Fall, wenn er dieses Etwas auch haben will. Das bedeutet, um die Macht der Verknappung zu nutzen, müssen Sie es im Gespräch bis an diese Stelle hier zumindest geschafft haben, Interesse an Ihrem Angebot zu erzeugen. Je stärker dieses ist, desto besser für Sie.

Die Macht der Verknappung können Sie nun auf verschiedene Arten einsetzen, um die Gesprächskontrolle zu behalten, und die Entscheidung des Kunden voranzutreiben. Folgende Möglichkeiten stehen Ihnen dabei zur Auswahl:

- **Verknappen Sie die Menge**
  Wenn von einem Produkt (es könnte auch eine Dienstleistung sein) nur eine bestimmte Menge verfügbar ist, dann teilen Sie das dem Kunden mit.

- **Verknappen Sie die Zeit**
  Befristen Sie Ihr Angebot zeitlich. Der Grund dafür könnte sein, dass es nur noch eine begrenzte Menge gibt und Sie die „Reservierung" nur kurze Zeit aufrechterhalten können. Vor allem in großen Unternehmen könnte aber auch ganz einfach ein Angebot sein, das ganz ohne besonderen Grund zeitlich begrenzt ist.

- **Verknappen Sie den Zugang**
  Den Zugang zu verknappen bedeutet, dass Ihr Gesprächspartner spezielle Voraussetzungen erfüllen muss, um Ihr Angebot annehmen zu können. Dafür brauchen Sie ein für den Kunden sehr attraktives Angebot. Über diese Variante haben wir an einer früheren Stelle im Buch bereits gesprochen, als es darum ging, sich als Kunde überhaupt bewerben zu müssen.

Durch die Verknappung beschleunigen Sie nicht nur die Entscheidungsfindung des Kunden. Sie hat auch noch den zusätzlichen Effekt, dass durch die Verknappung selbst die Attraktivität des Angebotes und damit seine Begehrlichkeit in den Augen des Kunden steigt. In extremen Fällen können so selbst uninteressante Dinge plötzlich sehr interessant werden. Und das wirkt sich nicht nur auf die Geschwindigkeit der Entscheidung aus. Auch die Preise, die Kunden bereit sind zu bezahlen, sind – in manchen Fällen der Verknappung – deutlich höher.

Und diese Macht liegt in Ihren Händen. Sie kontrollieren die Zeit und die Menge. Wenn Sie diese Variante des Spiels spielen wollen, sorgen Sie aber unbedingt dafür, dass die Verknappung auch plausibel und nachvollziehbar ist. Ich erlebe häufig Angebote – vor allem im Rahmen von Verkaufsveranstaltungen in Webinarform – bei denen die genutzten Verknappungsstrategien auf sehr dünnem Eis stehen und häufig nur lächerlich und leicht durchschaubar sind. Doch selbst das heißt nicht, dass Sie nicht wirken. Verknappung ist eine machtvolle Taktik.

+++++

Damit haben wir die wesentlichen Strategien, Taktiken und Verhaltensweisen für die Vorbereitung und Durchführung von Verkaufsgesprächen und Verhandlungen besprochen. Doch damit sind wir noch nicht ganz am Ende. Der Gesprächsabschluss ist noch nicht die letzte Möglichkeit, die Gesprächsführung oder besser gesagt den Verkaufsprozess zu dirigieren. Auch nach dem Gespräch können Sie diesbezüglich noch etwas tun.

198

Nach dem Gespräch

104. VERSENDEN SIE DAS PROTOKOLL

Wie bereits erwähnt ist die Protokollführung ein mächtiges Kontrollinstrument für Ihre Gespräche. Vor allem dann, wenn es sich um größere Gespräche mit wichtigen und umsatzstarken Kunden handelt. Oft erstrecken sich solche Verkaufsprozesse oder Verhandlungen auch nicht nur über ein oder zwei Gespräche. Jahresgespräche mit den dazugehörigen Konditionsverhandlungen mit Key-Accounts umfassen bei manchen meiner Kunden auch 3, 4 oder 5 Gesprächsrunden, bei denen teilweise dann nach oben „eskaliert" und das Top-Management hinzugezogen wird.

Speziell in solchen Situationen ist es wichtig, dass Protokolle möglichst rasch nach der jeweiligen Gesprächsrunde versandt werden. Damit halten Sie die Kontrolle aufrecht und die Zügel auch zwischen den eigentlichen Gesprächen in der Hand. Fordern Sie – wenn nötig – auch die Zustimmung zum Protokoll ein.

ES HÄTTE AUCH ANDERS LAUFEN KÖNNEN ...

Nehmen wir an, wir geben Simone (unsere Verkäuferin vom Beginn des Buches) noch eine zweite Chance. Nein, ich meine keinen zweiten Besuch bei Dr. Schulte. So schwer wollen wir es ihr auch nicht machen. Zu vieles ist beim ersten Mal – sagen wir mal – nicht ganz so ideal gelaufen. Das im Nachhinein zu korrigieren, ist machbar, aber schwieriger.

Nein, ich schlage vor, wir geben ihr eine zweite Chance für ein erstes Mal. Und lassen Sie uns annehmen, ein glücklicher Zufall hätte Simone dieses Buch zukommen lassen und sie hätte es sogar gelesen und sich ernsthaft damit beschäftigt. Möglicherweise wäre Ihr Termin mit Dr. Schulte dann ein wenig anders gelaufen.

+++++

Schon vor dem Termin hatte Ihr Chef Simone deutlich gemacht, wie wichtig dieser Kunde war. *„Ich merke, wie wichtig dieser Kunde aus Ihrer Sicht für uns ist. Darf ich fragen, aus welchem Grund?"*, sagte Simone zu ihm als er ihr einschärfte, den Kunden bloß nicht zu verärgern.

„Na immerhin macht er eine Million Euro pro Jahr mit uns. Ist das nicht Grund genug? Damit gehört er zu unseren 20 größten Kunden", entgegnete er erstaunt über Simones Frage.

„Ja, das weiß ich natürlich, aber ich hatte das Gefühl, dass da noch etwas anderes dahintersteckt.“

„Das tut es in der Tat auch. Einerseits denke ich, könnten wir mit dem Kunden vermutlich noch eine halbe Million mehr machen, andererseits weiß ich, dass Dr. Schulte ein, sagen wir mal, schwieriger Gesprächspartner sein kann. Ich habe das bei einigen Gelegenheiten selbst erlebt.“

„Wenn dem so ist, und Sie den Kunden sehr viel besser kennen als ich, wollen Sie den Termin lieber selbst machen?“

„Das würde ich, aber ich schaffe es zeitlich nicht. Weder übermorgen und auch nicht mittelfristig. Ich muss mich von möglichst allen Kundenterminen freispielen. Dafür gibt es schließlich Sie, Frau Heger. Vielleicht haben Sie als Frau, wenn ich das so sagen darf, auch einen anderen Zugang zu ihm. Sie machen das schon.“

„Dann schlage ich Folgendes vor: Sie geben mir eine Stunde Ihrer Zeit und wir bereiten das Gespräch gemeinsam vor. Sie kennen den Kunden sehr viel besser als ich und ich würde mich auf diese Art und Weise sehr viel besser fühlen.“

Nun war Simone zum ersten Mal allein hier. Und dann gleich, um Dr. Schulte mit der geplanten Preiserhöhung zu konfrontieren. Trotz Ihrer ausführlichen Vorbereitung war sie ein wenig nervös. Doch das war in Ordnung. Ein klein wenig Lampenfieber half ihr, sich zu konzentrieren.

Simone meldet sich beim Empfang an. Ihr wurde mitgeteilt, dass Dr. Schulte sich etwas verspäten würde und sie warten möge. Simone nutzte die Zeit, um sich umzusehen. Überall im Wartebereich hingen Fotos von Mitarbeitern, Produkten und diversen Ereignissen. Eines fiel Simone besonders auf. Es zeigte Dr. Schulte neben einer ziemlich großen Maschine stehend, die offenbar neu aufgestellt worden war. Das Datum am unteren Rand lag gerade mal einen Monat zurück.

Als Simone wieder einmal auf die Uhr blickte, stellte Sie fest, dass Sie bereits 20 Minuten wartete und wandte sich an die Rezeption: *„ Würden Sie Herrn Dr. Schulte bitte fragen, wie lange es noch dauert. Wenn er noch länger braucht, müssten wir einen anderen Termin vereinbaren, da es sonst mit meinem Anschlusstermin knapp wird und ich mir gerne Zeit nehmen möchte für das Gespräch mit ihm. "*

Der Mann am Empfang wählte eine Nummer und wechselte ein paar unverständliche Worte mit jemandem. *„Sie möchten sich bitte noch 10 Minuten gedulden"*, gab er ihr dann zu verstehen. Simone glaubte nicht an die 10 Minuten und war daher sichtlich überrascht, dass Sie nach nicht einmal 10 Minuten von einer jungen Frau abgeholt wurde, die sich als Assistentin von Dr. Schulte vorstellte und Sie zu seinem Büro brachte. Das Klopfen wurde von einer tiefen Männerstimme mit einem knappen *„Ja bitte"* beantwortet.

Die Assistentin bugsierte Simone mit den Worten *„Herr Dr. Schulte, Ihr Besuch"* hinein und verschloss die Tür wieder von außen. Bei ihrem ersten Besuch hatten sie sich mit Dr. Schulte in einem Besprechungsraum getroffen. Jetzt wurde sie offenbar in seinen heiligen Hallen empfangen. Sie hatte ihn als kühl, aber korrekt in Erinnerung.

Ihr Gesprächspartner saß an seinem Schreibtisch in Unterlagen vertieft. *„Ich bin gleich bei Ihnen"*, sagte er und schaute kurz von seinen Unterlagen auf. Simone stellte Ihre Tasche auf den Besucherstuhl, der an seinem beeindruckend großen Schreibtisch ihm direkt gegenüber stand und im Vergleich zu seinem eigenen Lederdrehstuhl beinahe winzig wirkte. Sie wusste, dass Sie das ändern musste.

Ein paar Sekunden später klappte er die Mappe zu: *„Nehmen Sie bitte Platz. "* Mit einer Hand deutete er auf den Besucherstuhl. Simone setzt sich und merkte, dass sie sich sofort kleiner fühlte. Offenbar war dieser Stuhl auch niedriger als seiner.

„Wie ich sehe, Herr Dr. Schulte, haben Sie viel zu tun und ich muss auch auf meinen Zeitplan achten und meinen nächsten Termin im Auge behalten. Darf ich daher gleich zum Thema kommen?"

„Ich bitte darum!"

„Interessantes Bild übrigens am Empfang. Das wo Sie an der neuen Maschine stehen."

„Ja, die haben wir vor kurzem angeschafft. Das war unsere größte Einzelinvestition im letzten Jahr. Eine knappe Million", antwortete er mit einem Anflug von Stolz in seiner Stimme.

„Gibt es bei solchen Maschinen eigentlich auch Preisspielräume?", fragte Simone interessiert, *„oder sind das Spezialanfertigungen, für die es nur einen Anbieter gibt?"*

„Das war in der Tat eine Spezialanfertigung, aber ich habe mein Bestes getan, dennoch einen guten Preis für uns herauszuholen."

„Das kann ich absolut verstehen. Bei der Investitionshöhe muss man natürlich genau auf das Budget achten. Und ich kenne Sie zwar noch nicht wirklich gut, aber mein Gespür sagt mir, dass Sie mit Ihrer Erfahrung zwar ein harter Verhandler in solchen Dingen sein können, aber dennoch immer fair bleiben."

„Naja, wir wollen mit unseren Partnern ja auch längerfristig gut zusammenarbeiten." Das Kompliment war ihm sichtlich ein wenig unangenehm.

„Aber ich wollte ja gleich zum Thema kommen", kam ihm Simone zuvor, nachdem Sie seinen Blick auf die Uhr bemerkt hatte. *„Darf ich?"*

„Ja, bitte."

„Ich habe mir für unseren Termin, wie besprochen bis 14 Uhr Zeit reserviert, dann muss ich zum nächsten und Sie haben ein Meeting im Anschluss, wie ich mitbekommen habe. Im Moment ist wirklich viel los bei uns. Passt das so für Sie?" Er nickte.

„Sagen Sie, eines noch, wäre es möglich, ein Glas Wasser zu bekommen?"

„Natürlich", antwortete Ihr Gegenüber, *„vielleicht auch einen Kaffee?"*

„Das wäre sehr nett. Etwas Milch und ohne Zucker, bitte."

Dr. Schulte griff zum Hörer und gab die Bestellung auf.

„Ich habe ja, wie Sie wissen ein nicht ganz einfaches Thema mitgebracht. Wir werden die Preise ab dem 1.3. anpassen."

„Ja, das hatte mir Ihr Unternehmen ja bereits schriftlich mitgeteilt. Satte 8 % schon wieder. Ich muss sagen, das ist mehr als ambitioniert. Andere würden es vielleicht eine Frechheit nennen."

„Ich dachte mir, dass Sie das so sehen würden, und kann das aus Ihrer Sicht absolut nachvollziehen. An Ihrer Stelle würde ich das vermutlich ebenso sehen. Danke an der Stelle auch für Ihre Offenheit. Und eben, weil das ein erklärungsbedürftiges Thema ist, habe ich ein paar Informationen vorbereitet, die ich Ihnen gerne zeigen würde. Da tun wir uns leichter, wenn ich mich da um die Ecke zu Ihnen setzen könnte. Darf ich?"

„Äh, ja, bitte. "

„Oder, vielleicht noch besser, wenn Sie vielleicht um die Ecke kommen. Hier auf meiner Seite ist ein wenig mehr Platz. "

Dr. Schulte schob seinen Stuhl ein Stück vom Tisch weg und rollte ihn zu Simone, sodass er schließlich an Ihrer rechten Seite in einem 90 Grad Winkel zu Ihr saß.

„Also, schauen Sie mal", sagte Sie und legte eine Grafik auf den Tisch.

+++++

Wie wird dieses Gespräch weitergehen? Wie wird es enden? Offengesagt, ich weiß es nicht. Noch ist nichts unterschrieben. Noch kann Vieles passieren. Noch ist fast alles offen. Was ich allerdings weiß, ist, dass sich Simone – verglichen mit der Variante vom Beginn des Buches – in einer deutlich besseren Position befindet. Und warum? Gesprächspartner und Ausgangssituation waren dieselbe. Es war Simone, die sich anders verhalten hat, die einige der Taktiken und Strategien aus diesem Buch angewendet und sich so in eine Position gebracht hat, in der Sie von Ihrem Gegenüber als ernstzunehmende Gesprächspartnerin wahrgenommen wird. Das Thema bleibt ein schwieriges, aber Ihre Erfolgsaussichten sind dramatisch gestiegen.

DIE NÄCHSTEN SCHRITTE

Die Anzahl der möglichen verschiedenen Gesprächssituationen, die da draußen auf uns warten, ist unüberschaubar. Manche sind sich ähnlich, aber keine gleicht exakt einer anderen. Das bedeutet auch, dass es nicht möglich ist, eine Standard-Vorgehensweise auf alle Situationen anzuwenden.

Deshalb haben Sie und ich als Verkäufer die Herausforderung, uns möglichst flexibel auf die jeweilige Situation einzustellen und unsere Vorgehensweise darauf abzustimmen. Und genau dabei – das kann ich Ihnen versprechen – werden die Taktiken aus diesem Buch hilfreich sein. Je mehr Sie davon bei Bedarf aus dem Ärmel schütteln können, desto leichter werden Sie Ihre Kundengespräche erfolgreich meistern und Gespräche auf Augenhöhe führen.

Doch wie immer, wenn es um Verhalten geht, ist Papier (oder auch Bits, wenn Sie das Buch als E-Book gelesen haben) sehr geduldig. Wenn Sie wirklich in den Genuss der Vorteile kommen, die sich daraus für Ihre Verkaufsgespräche ergeben und das Potenzial, das in Ihnen steckt, erweitern oder ausschöpfen wollen, dann sollten Sie Folgendes tun:

- Arbeiten Sie das Buch noch einmal durch.

- Markieren Sie die Methoden und Strategien, die für Sie bzw. Ihr Geschäft besonders gut passen.

- Legen Sie sich darauf basierend konkrete Vorgehensweisen zurecht, die Sie 1:1 in Ihren Verkaufsgesprächen und -prozessen nutzen können.

- Üben Sie! Sorgen Sie dafür, dass Sie diese Vorgehensweisen so gut verinnerlicht haben, dass Sie sie in Ihren Verkaufsgesprächen mit Leichtigkeit anwenden können.

Wenn Sie das tun, dann verspreche ich Ihnen, dass der Preis, den Sie für dieses Buch bezahlt haben, sich hundert- oder sogar tausendfach für Sie rechnen wird – in Form von Gesprächen, bei denen Sie die Kontrolle haben, die Sie tatsächlich führen, statt nur mit dabei zu sein und auch in Form von höheren Umsätzen und profitableren Geschäften.

Let us link!

Nachdem wir jetzt bereits so viel Zeit miteinander verbracht haben – wenn auch indirekt –, könnten wir auch den nächsten Schritt machen und den Kontakt etwas direkter gestalten. Ich freue mich über Ihre Kontaktnahme auf LinkedIn, Facebook, Instagram oder einem anderen sozialen Netzwerk, das Sie bevorzugt nutzen.

An die Ressourcenseite denken

Sollten Sie das Buch bis hierher gelesen haben, ohne auf der Ressourcenseite vorbeizuschauen, wäre jetzt ein guter Zeitpunkt, dort vorbeizuschauen und sich die besprochenen hilfreichen Zusatzmaterialien zu downloaden.

Sie finden diese unter >>>
https://www.romankmenta.com/ressourcen-machtspiele/

Ich wünsche Ihnen viel Erfolg beim Umsetzen der Inhalte und Gespräche, bei denen Sie die Oberhand gewinnen und behalten.

Ihr

ÜBER DEN AUTOR

Marketing- und Vertriebsexperte Roman Kmenta ist seit mehr als 30 Jahren als Unternehmer, Keynote-Speaker und Bestsellerautor international tätig. Der Betriebswirt und Serienunternehmer stellt seine langjährige, internationale Marketing- und Verkaufserfahrung im B2B- wie B2C-Bereich heute über 100 Top-Unternehmen sowie vielen Kleinunternehmen und Einzelunternehmern in Deutschland, der Schweiz und Österreich zur Verfügung.

Mehr als 100.000 Menschen lesen seinen wöchentlichen Blog, hören seinen Podcast oder konsumieren seine Social-Media-Inhalte. Mit seinen Vorträgen gibt er Verkäufern, Führungskräften und Unternehmern Denkanstöße zum Thema „profitables Wachstum" und setzt bei seinen Zuhörern und Lesern Impulse in Richtung eines wertorientierten Verkaufs- und Marketingansatzes.

www.romankmenta.com

Referenzen

Foto: Sojka, Klosterneuburg

Angebote für Unternehmen und Vertriebsorganisationen

Roman Kmenta und seine Partner arbeiten mit Unternehmen und Vertriebsorganisationen im DACH-Raum an folgenden Themen und Zielen:

- Analyse der Potenziale im Vertrieb
- Definition und Optimierung von Verkaufsprozessen
- Erhöhung des Deckungsbeitrages und der Margen
- Verstärkte Durchsetzung von Preisen und Honoraren
- Erfolgreiche Umsetzung von Preiserhöhungen
- Effektive Gewinnung von Neukunden
- Erhöhung der Abschlussquoten von Angeboten
- Nutzung der Up- und Cross-Selling Potenziale
- Steigerung der Verkaufsleistung von Verkaufsteams und Einzelpersonen
- Stärkung von Führungskräften in Vertriebsorganisationen

Gerne können Sie ihn buchen für:

- Motivierende und inspirierende Vorträge und Keynotes für Ihre nächste Veranstaltung,
- Workshops und Seminare für Vertriebsteams,
- Einzelberatung und Coaching von Verkäufern und
- Strategische Beratung und Coaching von Führungskräften und Unternehmern.

Ihr Informationsgespräch

Senden Sie eine E-Mail an service@romankmenta.com und vereinbaren Sie ein erstes Gespräch.

Praxiswissen aus Vertrieb und Marketing in kompakter Form

Hier bestellen >> www.romankmenta.com/shop

Das Verkaufsbuch als Roman – kurzweilig und Augen öffnend

Jochen verkauft Autos und ist mäßig erfolgreich dabei. Dann bekommt er einen neuen Chef und alles beginnt sich zu verändern. Nicht nur, dass mit dem Prozess, den dieser in Gang setzt, berufliche Grenzen weit jenseits dessen verschoben werden, was Jochen für möglich gehalten hätte. Diese Veränderungen stellen sein gesamtes Leben auf den Kopf. Und alles beginnt mit zwei kleinen Worten – „Be Cause".

NLP im Verkauf – vom Profi zum Top-Experten

Geschickt verpackt NLP-Lehrtrainer und Autor Roman Kmenta Strategien und Techniken der neurolinguistischen Programmierung in einen packenden, lebensnahen Roman, in dem ein Verkäufer die Hauptrolle spielt. Metaprogramme, Spiegeln / Pacing, Augenbewegungsmuster, Rapport und eine Reihe weiterer NLP-Konzepte, die für den Vertrieb relevant sind, sind mit der spannenden und kurzweiligen Story eng verwoben. Ein NLP-Buch, das unterhält und mit dem selbst Profis auf einem ganz neuen Niveau verkaufen lernen können.

Mit diesem Buch werden Sie

- lernen, Ihre Kunden und die Welt mit ganz neuen Augen zu betrachten,
- eine Fülle von Dingen wahrnehmen, die Ihnen bisher vollkommen entgangen waren,
- erfahren, was die wahrhaft entscheidenden Faktoren in Verkauf und Kommunikation sind,
- lernen, Ihren Verkauf in eine ganz neue Dimension zu entwickeln und
- Ihr Business massiv voranbringen und möglicherweise auch Ihr Leben verändern.

Seien Sie gespannt und lassen Sie sich überraschen.

Hier bestellen: www.romankmenta.com/shop

Nie mehr sprachlos in Preisgesprächen

Zu teuer! – Hören Sie das immer wieder in Preisver-handlungen? Damit Sie in Preisgesprächen nie mehr sprachlos sind und immer die passende Antwort zur Einwandbehandlung parat haben, finden Sie in die-sem Buch 118 Antworten auf Preiseinwände. Das Spektrum geht von frech bis überzeugend, von ver-nünftig und kalkuliert bis humorvoll – in jedem Fall aber profitabel!

Mit diesem Buch werden Sie:

- in Preisverhandlungen immer die passende Antwort auf Einwände finden,
- neue Verhandlungstechniken und Methoden der Einwandbehandlung kennenlernen,
- lernen, psychologische Tipps und Strategien in der Preisverhandlung effektiv einzusetzen,
- Ihre Verhandlungsführung erfolgreicher gestalten,
- beim Preisverhandeln bessere Ergebnisse erzielen und
- auch mehr Spaß bei der Preisverhandlung haben.

Leserstimmen

- *„Von pragmatisch bis emotional, frech und vor allem für ver-schiedenste Branchen und Situationen umsetzbar.“*
- *„Im Vertrieb geht es oft um Reframing und Wortgewandtheit. Man merkt, dass die lange Liste aus einem großen Erfahrungsschatz entstanden ist, der seinesgleichen sucht.“*
- *„Top! – Ich habe schon viele teure Seminare besucht und viel weniger in der Praxis anwendbare Sprüche erhalten.“*
- *„Frech, innovativ, mutig und selbstbewusst seinen Wert verkaufen!“*
- *„Selten so gelacht und so vieles wiedergefunden!“*

Hier bestellen: www.romankmenta.com/shop